今までにないスイーツの発想と組み立て

素材を活かした組み合わせの
アイデアとテクニック

Une inspiration et
une composition de la
pâtisserie incomparable.

目次
Sommaire

005 創作スイーツとは
006 本書のレシピの見方

007 *Chapitre 1* フルーツ *fruit*

008 モンブランの懐石仕立て
012 ラ・フランスのチーズ風味コロッケ ベリーソース添え
016 白桃のフレッシュスープ
020 秋のあつあつフルーツグラタン
025 ラビオリ・オ・フリュイ

031 *Chapitre 2* 野菜 *légumes*

032 オーガニックなにんじんケーキ
038 グリーン&ホワイトアスパラガスのマカロン
043 ずんだの白くない白いスイーツ
048 キャベツのホンモノシュー
053 れんこんのしゃきしゃきゼリー
057 アイスプラントの鉢植えデザート

061 *Chapitre 3* 魚介 *fruits de mer*

062 うにのパルフェ・グラッセ
067 多摩川鮎のトロトロチーズケーキ
073 ガゴメコンブの塩キャラメル
076 三陸ワカメと味噌のヌガー・モンテリマール
081 海の幸のスコーン

085 *Chapitre 4* 穀物 *céréale*

086 とうもろこしムースのアシエット
090 スイート・グラタン・ドーフィノア
094 米粉のオムレツケーキ
099 ハワイアンバター餅・パンケーキ風
103 きな粉バヴァロワのくずきり添え

109 *Chapitre 5* 食材 *alimentaires*

110 赤味噌のパルフェ・グラッセ
115 餃子deミルフイユ
120 仙台麸のサヴァラン・フランコ・ジャポネ
124 和牛とクルミのキャラメルタルト
129 ツーンとくるわさびのムース　りんごのコンポート添え

133 *Chapitre 6* 飲料 *boisson*

134 福島銘酒のサバイヨン
138 ほろ酔い地酒ケーキ
142 ナスの赤ワイン煮　はちみつのムース添え
147 ビールゼリー・泡までスイーツ
150 黒ビールのパート・ド・フリュイ
154 ボンボン・オ・壱岐焼酎

159 *Chapitre 7* 空想 *fantaisie*

160 クレオパトラが食べたかもしれないバラの花びらのバヴァロワ
164 楊貴妃が食べたかもしれないライチのデザート
169 小野小町が食べたかもしれないハチミツスイーツ
174 織田信長が食べたかもしれないチーズケーキ・ケジャット
177 豊臣秀吉が食べたかもしれない黄金のお花見デザート
182 徳川家康が食べたかもしれない酒種パン
186 神武天皇が食べたかもしれない日本最古の飴

190 あとがき

創作スイーツとは

　スイーツ作りは、長年にわたって培われてきたものだけあって、さまざまな決めごとや常識と称する暗黙の了解がたくさんあります。確かに実際に作っていると、さもありなんと思えることが少なくありません。

　例えば素材とお酒の組み合わせでは、ベリー類にはキルシュが合い、マロンやレーズンにはラムが合うといったセオリーがあります。これらは、おそらく先人がいろいろ試した結果に生まれたコンビネーションなのでしょう。言われてみると、なるほど、そこはかとないハーモニーを感じます。

　しかし、こうした決めごとや暗黙の了解を越えたところにも、新たな発見があります。それをことさら強く認識したのは、本当に困ったとき、あるいは自らをとことん追い込んだときでした。逆にいうと、追い込まなければ未知のテイストにはなかなか出合えないのかもしれません。

　一例をあげるなら、6年間続けさせていただいた料理番組「キューピー3分クッキング」において、苦悶の末に生まれた"きな粉バヴァロワのくず切り添え"や"わさびのムース"などがそうでした。後者にあっては、醤油をほんの一滴落とすと、立ちどころに脳裏にマグロが浮かぶこともわかりました。

　また、東日本大震災の復興支援の一環として、壊滅的被害を受けた酪農の一助になればと、必死に考えついた"岩手和牛のキャラメルタルト"もそのひとつです。あの必死さがなかったならば、和牛をスイーツの素材に使おうなどとは思いもつかなかったでしょう。

　こうしたチャレンジの積み重ねを背景に、本書では、果実をはじめ、野菜、穀物、魚介類、飲料、はては時空を越えた世界にまでボーダーレスに遊ぶことができました。

　そう、特定の場合はさておき、スイーツ作りはもとより自由なのです。読者の皆さまも、ときには肩の力を抜いて、フリーダムにスイーツの世界に羽根を広げてみてはいかがでしょう。

吉田菊次郎
中西昭生

本書のレシピの見方

・砂糖は基本的にグラニュー糖を使用。粉糖等を使うときにはその旨を表記。
・卵については、全卵は殻を除いた正味で1個50gと換算。同様に卵黄は1個20g、卵白は30gと換算。
・バターは基本的に無塩バターを使用。それがない場合は加塩バターでも可。
・ゼラチンは基本的に粉ゼラチンを使用。
・水溶液の表記は㎖とする。
・オーブンは指定の温度に余熱しておく。

Chapitre 1

フルーツ

fruit

モンブランの懐石仕立て

それらしいお皿に盛りつければ、
ポピュラーなモンブランが懐石風に様変わり。
揚げたそうめんで栗のイガイガをあらわし、
栗きんとんなどに混ぜる甘露煮や渋皮つきの和栗など、
日本に根づく"栗文化"も総動員で盛りつけに参加しました。

Chapitre 1 フルーツ｜モンブランの懐石仕立て

{材料 6個分}

メレンゲ

材料

卵白 … 1個（30g）
砂糖 … 60g

作り方

1. ボウルに卵白と砂糖を一緒に入れて湯煎にかけながら混ぜる。最初はしっかり泡立てるのではなく、混ぜるくらいでよい。最初からしっかり泡立てると、キメが粗くなってしまう。

2. 温まり混ざったら、湯せんをはずしハンドミキサーで角が立つくらいにしっかり泡立てる。

3. 直径5cmの型の先にメレンゲをつけ、オーブンシートに印をつけておく。

4. 丸口金をつけた絞り袋に**2**を入れ、オーブンシート上に直径5cmの渦巻き状に6個分絞る。

5. 120℃のオーブンで約2時間焼く。

マロンクリーム

材料

マロンペースト … 200g
バター … 50g
ラム … 30㎖
バニラエッセンス … 少々

作り方

1. マロンペースト（パート・ド・マロン）を練る。

2. **1**にやわらかくしたバターを加え、よく混ぜる。

3. **2**にラムとバニラエッセンスを混ぜ裏ごしをする。

ソース・アングレーズ

材料

牛乳…100㎖
卵黄…2個（40g）
砂糖…20g
バニラエッセンス…少々
ラム…5㎖

作り方

1
ボウルに卵黄と砂糖を入れて、しっかりすり混ぜる。

2
1に温めた牛乳を少しずつ加えて鍋に戻す。

3
2を再び火にかけ、とろみをつける。

4
火からおろし、バニラエッセンスとラムを加え混ぜる。

仕上げ

材料

加糖し泡立てた生クリーム…適量
そうめん…適量
栗の甘露煮…適量
渋皮つきマロン…適量
粉糖…適量

作り方

1
そうめんを180℃の油で揚げる。

2
焼き上がったメレンゲを並べる。丸口金をつけた絞り袋に、加糖し泡立てた生クリームを入れ、メレンゲの上にドーム状に絞る。

3
モンブラン用の口金をつけた絞り袋にマロンクリームを入れ、2の上に絞る。

4
3の周りに1のそうめんを差していく。

5
一番上に渋皮つきマロンをのせる。ソース・アングレーズを流し、甘露煮の栗と揚げたそうめんをあしらい、粉糖をふる。写真のように、和風の器に盛りつければ懐石風に様変わり。

| ワンポイント アドバイス | モンブランの懐石仕立て |

- メレンゲの配合は、卵白：砂糖＝1：2くらいを基準とする。これより砂糖を少なくすると軽い食感となる。逆に砂糖が多くなると、重くしっかりとした食感になる。
- メレンゲを作るとき、低温のオーブンに入れ、時間をかけてしっかり乾燥焼きする。乾燥が足りないと、中がベタベタしたり、全てが湿気を帯びてさっくりとした食感が得られない。
- マロンペーストはメーカーによって状態が異なるため、堅い場合は生クリームを加えて少しやわらかめに調節するとよい。
- マロンにはラムが合う。このコンビネーションは、フランス菓子作りのひとつのセオリーとされている。
- ソース・アングレーズを作るとき、加熱しすぎると卵黄が煮固まってブツブツの状態になってしまうので注意する。
- そうめんを揚げるときは、他の揚げ物同様に180℃程の油で揚げるとよい。

モンブランの話

　フランス人もモンブランが大好きですが、日本人もそれにもましてこれが大好きです。モンブランの名は、その名のごとく、ヨーロッパアルプスの最高峰たる名峰からきたもので、「白い山」という意味のフランス語です。あの山は、マッターホルンのように先のとがった形ではなく、一見、どこが頂上かわからないような茫洋としたドーム状をしています。よってこの名のお菓子も、マロンペーストをそば状に絞って山盛りにし、上から雪に見立てて粉砂糖をふりかけます。

　ところでモンブランは、いつ頃から作られたものなのでしょうか。これについては信ぴょう性の高いフランスの『ラルース料理百科事典』にも記されていません。そこでいろいろ調べてみたのですが、まずこれを作るのに必要なマロンペーストの初見は、ギュスターブ・ギャルラン著の『近代製菓概論』(1889年)に記載があります。マロングラッセはそれ以前に作られていたのですが、その時点ではまだマロンペーストは出てきません。そしてモンブランの名が出てくるのは、さらにもっと後になります。このことは何を意味するのでしょう。

　マロングラッセを作る際には、けっこうな量の壊れが出る。それをそのまま捨てるのはもったいないと、さらにこれをくずしてペースト状にした。そしてそれを使って何かできないかと思い悩んだ末にいきついたのが、それをドーム状に盛りつけたデザート菓子。何となく、山のようだとその姿に気づき、それならと雪に見立てて粉砂糖をふりかけてみた。こうしてできあがったのが、モンブラン……。つまり、始めにマロングラッセありきで、その二次使用でできあがったのがこのお菓子ではないかと想像するのです。

　ちなみに、もう少し後に書かれたピエール・ラカンの書には、はっきりとモンブランの名が記されています。なお同じ頃にイタリアでも、「モンテ・ビアンコ(白い山)」という同種のお菓子が作られています。察するに1900年代初め頃には、広く愛されるお菓子の仲間入りを果たしたものと思われます。

ラ・フランスのチーズ風味コロッケ
ベリーソース添え

「ラ・フランスを揚げる？」と驚かれるかもしれませんが、
"揚げる"という調理法により、そのみずみずしさを、
中にしっかり包み込むことができます。
そして、衣はパルメザンチーズと遊んでみました。
ラ・フランスと天ぷらとチーズテイスト。
サプライズのハーモニーが楽しめるデザートです。

{材料 4〜5人分}

ラ・フランスのコンポート

材料

ラ・フランス…3個
水…500㎖
砂糖…150g
シナモンスティック…小1本
バニラビーンズ…3分の1本
レモン表皮…2分の1個

レモン果汁…2分の1個
黒コショウ…5粒

作り方

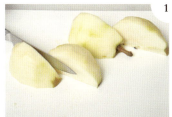

ラ・フランスの皮をむき、4分の1に切り種などを取る。

ラ・フランス以外の材料を鍋に入れ、沸騰させる。

2に1のラ・フランスを入れ、軽く沸騰させ火を止める。

パラフィン紙などで落としぶたをして一晩おく。

チーズ衣

材料

パルメザンチーズ…100㎖
薄力粉…100g
冷水…160㎖
卵黄…1個（20g）
オリーブオイル…15㎖

作り方

ボウルにパルメザンチーズと薄力粉を入れて混ぜる。

1に水を入れてダマにならないようによく混ぜる。

2に溶いた卵黄とオリーブオイルを入れて混ぜる。

フランボワーズ・ソース

材料

フランボワーズ・ピュレ…100g
砂糖…150g
はちみつ…25g
レモン果汁…小さじ2分の1
ミントの葉（仕上げに使う）…適量

作り方

1 鍋にフランボワーズ・ピュレを入れ温めながら砂糖を入れる。砂糖が溶けるまでよく混ぜる。

2 1にはちみつ、レモン果汁を入れてよく混ぜる。

3 2がブクッと泡が立つようになったら火からおろす。

4 3、氷を入れたボールなどを使い冷やす。

仕上げ

材料

粉糖…適量

1 一晩漬け込んだラ・フランスのコンポートをザルにあけて汁気を切る。

2 1にチーズ衣をからめる。

3 2を180℃に熱した油で揚げる。

4 皿にフランボワーズ・ソースを流し、その上に3を盛りつける。

5 ミントの葉を飾り、上から軽く粉糖をふりかける。

ワンポイント アドバイス	**ラ・フランスのチーズ風味コロッケ ベリーソース添え**

- ◆ パルメザンチーズはなるべく鮮度の高いものを使う。
- ◆ ラ・フランスがない場合は、洋梨、もしくは缶詰の洋梨でもよい。
- ◆ 缶詰のものを使う場合は、ペーパータオルの上に置くなどして、余分なシロップを除いてから、あらためてコンポートにする。
- ◆ ラ・フランスは、あまりやわらかすぎないもののほうが扱いやすい。
- ◆ フランボワーズ・ピュレは、すでにピュレ状になっている市販のものがあれば、それでもよい。あるいは、生のフランボワーズを裏ごしする。
- ◆ フランボワーズ・ソースは、はちみつやレモン果汁の量の加減で、好みの味に調節する。
- ◆ コンポートを作る際、ラ・フランスがシロップからはみ出していると、その部分が変色してしまうので気をつける。

ラ・フランスとお菓子の話

　お菓子作りにはいろいろな手法が使われていますが、例えば加熱にあっては、焼く、煮る、揚げるが主な作業です。このほかに蒸すという行為がありますが、これについては東洋に多く見られ、西洋においてはせいぜいイギリスのプディングくらいで、さして見当たりません。
　生活習慣の違いかもしれませんが、ことに日本に限っては中国文化の影響が強いゆえか、夫婦まんじゅう、肉まん、蒸し羊羹など、探してみるとけっこうあります。今回は、そのうちの「揚げる」という手法を使って、お菓子作りを行ってみました。
　ラ・フランスや洋梨は、腐りかけと思われるようなとろける状態のものが一番おいしいとされています。よってこれを調理するにあたっては、「焼く」という手法をとると、中のおいしい水分の大方が外に出てしまいます。「煮る」についても、ただそのままでは面白みがありません。そこで「揚げる」という手法で、このみずみずしさや煮込んで外から与えたおいしさを閉じ込めてみました。
　ただし、直接では水分が熱した油に混ざり、たちまちパチパチとはねてしまいます。そこで考えたのが衣です。これをかぶせて油に入れれば、水分が直接油に触れることなく、おいしさを閉じ込めることができます。いにしえの人々の知恵はすばらしいですね。
　このことにならえば、大抵のものは揚げ物になるし、新しい味や驚きのテイストを提供することもできます。そのひとつに、アイスクリームの天ぷらがあります。衣が断熱材代わりになって、外はアツアツなのに中は氷菓子というわけで、これはびっくり効果絶大なものがあります。揚げないまでも、アイスクリームをメレンゲで包み、その表面をバーナーなどで焼いたベイクド・アラスカなどというデザートもそうした類です。
　ところで、この度のラ・フランスと天ぷらとチーズテイストという、一見ミスマッチとも思えるような、そんなサプライズを遊び心をもってお楽しみいただけましたら幸いです。

白桃の
フレッシュスープ

シンプルなもの同士を組み合わせるのも、
スイーツ作りの重要なコツのひとつ。ここでは桃の素材のよさを、
ミルクムースのシンプルさが引き立てます。
夏のスープらしく、レモングラスなどを使いエスニック系の味で。
桃は東南アジア出身の果物ですから、
エスニックな材料とも相性がよく、
さっぱりとシャープな味に仕上がります。

Chapitre 1 フルーツ ｜ 白桃のフレッシュスープ

{材料 6皿分}

ミルクゼリー

材料

牛乳 … 200㎖
コンデンスミルク … 60g
粉ゼラチン … 4g
お湯 … 20㎖

作り方

1　牛乳を温める。温めている間に、お湯で粉ゼラチンをふやかしておく。

2　牛乳が沸騰したら、火を止めてから1のゼラチン液とコンデンスミルクを入れる。

3　ボウルに移し、氷水で冷やしながらよく混ぜる。早く冷ましたいときは、大きなボウルに移し替えるとよい。

4　粗熱がとれたら皿に盛りつけ、1時間くらい冷まして固める。

シロップ

材料

水 … 250㎖
砂糖 … 75g
レモン果皮 … 4分の1個分
シナモンスティック … 4分の1本分
レモンバーム … 4分の1本分
スペアミント … 大きな葉2枚

作り方

1　鍋にすべての材料（水、砂糖、レモン果皮、シナモンスティック、レモンバーム、スペアミント）を入れて沸騰させる。沸騰しすぎると苦みやえぐみが出るので気をつける。

2　沸騰したら火からおろし、そのまま冷ましておく。そうすると、素材の香りや味がよく出たシロップになる。

桃スープ&仕上げ

材料

白桃 … 2個
巨峰 … 18粒
レモン果汁 … 4分の1個分
レモン果汁 … 適量
レモン果皮 … 適量
レモングラス … 適量

粉糖 … 適量

桃ジュース 作り方

1 白桃は皮を湯むきし、飾り用に使う実の部分を小さな四角に切り分ける。飾り用の桃には、粉糖とレモン果汁（4分の1個分）を入れて味を作っておく。

2 1で余った部分はジュースに使う。ジュースにする分は、変色しないようにレモンを絞っておく。

3 飾り用の巨峰も湯むきし、4分の1に切っておく。

4 シロップを漉しながらミキサーに入れる。ジュース用に用意しておいた白桃も入れる。

5 4をミキサーにかけてスープにする。

仕上げ

1 固まったミルクゼリーを用意し、飾り用の巨峰と桃を盛りつける。

2 1に桃のスープを流し入れる。

3 いろどりと、シロップに使っている食材の紹介も兼ねて、レモン果皮とレモングラスを添える。

ワンポイント アドバイス	白桃のフレッシュスープ

- ミルクゼリーはあらかじめ冷やしてしっかり固めておく。
- シロップは一煮立ちさせ、砂糖は完全に溶かしておく。
- 白桃は完熟していれば皮はきれいにむけるが、むきにくいときは湯むきするとよい。
- 巨峰は根元からより、頭のほうからむくときれいにむける。
- 桃の果肉の残った部分はすべてジュースにする。
- 作った後は変色しやすいので、できるだけ早めに供する。

桃とお菓子の話

　以前、横浜市のみなとみらいにある「パシフィコ横浜」で、"旅フェア"なるものが開催されたときのことです。イベントの一環として"おやつ博覧会"が行われ、それを盛り上げるべく企画されたトークショーのオファーを受け、恥ずかしながら力量不足を承知の上で筆者、同所に出向きました。

　テーマに沿ったおいしいもののお話を終えたとき、山梨県の産物を紹介するブースの方から、ほどよい大きさにカットされたすばらしい桃の差し入れをいただいたのです。それは、目を奪うばかりに際立った存在感の完熟の白桃で、口に含めばたちどころに豊潤な香りに身も心も包まれるおいしさでした。他県産の美味の数々も、もちろん承知してはいますが、あらためて同県が全国有数の果実王国であることを認識した次第です。

　さて、料理人の方々も同様だと思いますが、私たち製菓人は、口にする一片の材料から、さまざまなことに思いをめぐらせます。いかにしたら、この素材をよりおいしくすることができるか……。どうやったら、この秘められたおいしさを最大限に引き出すことができるか……。

　けれどもその瞬間、私の頭をよぎったのは「このまま食べるのが一番。何も手を加えるべきではない」というものでした。それほどまでに、完成されたおいしさだったのです。

　とはいえ、次の瞬間、製菓人としての探求心が頭をもたげてきました。「この持ち味を存分に生かしつつ、ひとつのデザートとして、表現できないものか」と。そして試行錯誤の末、この作品が生まれました。ミルクゼリーを冷やし固めた上に、小切りにした豊潤な白桃を盛り、アクセントに巨峰を散らす。そして、レモンでキュッとしめたソースを流す。こうしてできあがったのが"白桃のフレッシュスープ"です。

秋のあつあつフルーツグラタン

日本ではグラタンといえば、ホワイトソースを使ったものが
すぐに思い浮かびますが、
それは数あるグラタンの1種類にすぎません。
フランスではフルーツをあしらったグラタンもよく見かけます。
ここでは甘いグラタンを、秋の実りのフルーツで作りました。

Chapitre 1　フルーツ　｜　秋のあつあつフルーツグラタン

{材料　直径10cmのグラタン皿×5皿分}

フィリング

材料

りんご…1個
バター…15g
砂糖…20g
栗の甘露煮…10粒
洋梨（缶詰）…125g

※写真の卵黄（2個）、砂糖（40g）、白ワイン（100㎖）、生クリーム（50㎖）分はサバイヨンクリーム用

作り方

1　栗の甘露煮を半分に切る。

2　洋梨を、1と同じくらいの大きさに切る。

3　りんごは皮をむいて8つ割りにし、さらに6〜8つに切る。

4　フライパンを熱してバターを入れ3を炒める。最初に、砂糖を4分の1くらい入れて炒める。

5　4で入れた砂糖が溶けた頃に、残った砂糖のうちの半分くらいを入れて炒める。

6　5に残りの砂糖をすべて入れて、炒める。

7　こんがり焼き色がついたら、りんごのソテーが完成。バットにあけて冷ましておく。

21

りんごのチップス

材料

水 … 40㎖
砂糖 … 50g
りんご … 適量
レモン果汁 … 適量
※写真のぶどう、オレンジは仕上げ用

作り方

1. りんごをスライサーで厚さ1〜2mmの薄切りにする。

2. 水と砂糖を鍋に入れ沸騰させ、1とレモン果汁を加えて再び沸騰させる。

3. 火からおろしてボウルに移し替え、そのまま冷ます。

4. 冷めた3を、オーブンシートを敷いたテンパンに並べる。

5. 100℃のオーブンで約1〜1時間半焼く。

フルーツグラタン

作り方

1. グラタン皿にバター（分量外）を薄く塗り、フィリングを等分に入れる。

サバイヨンクリーム

材料

卵黄 … 2個（40g）
砂糖 … 40g
白ワイン … 100㎖
生クリーム … 50㎖

作り方

1. 白ワインを鍋に入れ沸騰するまで温める。

2. ボウルに卵黄と砂糖を入れすり合わせる。湯煎にかけながら、白っぽくなるまで泡立てる。

3. 湯煎を外して1の沸騰した白ワインを2に入れる。

4. 冷めるまで、3を泡立て続ける。

5. 4が冷めてよく泡立ったら、7分立てにした生クリームを合わせる。

仕上げ

材料

ぶどう、みかん、
りんごなどのフルーツ … 適量
ナパージュ … 適量

作り方

1. グラタン皿に盛りつけたフルーツグラタンの上に、サバイヨンクリームをフィリングが見えないくらいかける。

2. 220℃のオーブンで、8〜10分焼く。

3. 焼き上がった状態。

4. 焼き上がった3に、半分に切ったぶどう（種を取り出す）、みかん、好みの形に切ったりんご、りんごチップスを飾る。刷毛でナパージュを塗る。

| ワンポイント アドバイス | 秋のあつあつフルーツグラタン |

- サバイヨンクリームを作るとき、湯煎にかけながら、全体がもったりするぐらいまで十分に泡立てる。
- サバイヨンクリームに白ワインを加えた後は、湯煎を外して、さらにしっかり泡立てる。
- りんごのソテーは、バターで炒めながら砂糖をからめ、砂糖がカラメル状になるまで火を通す。
- りんごのチップスを作るとき、味付けして冷ました後、低温のオーブンでゆっくりと時間をかけて乾燥焼きする。
- グラタン皿の内側には生地離れがよいように、また風味づけの意味も含めて、バターを塗っておく。
- 温かいうちに供する。

グラタンとお菓子の話

　グラタンは、そもそもはフランスのドーフィネ地方の郷土料理で、オーブンに入れて表面を焦がして供することを特徴としたものです。

　この地を発祥とし、今では世界中に広まっています。なおこの呼称は、"こうして作られたもの"あるいは調理法そのものを意味しています。

　また"グラタンgratin"という語は、フランス語では鍋に焦げついた部分、すなわち"おこげ"のことを表しています。

　ところで、日本ではグラタンというと、ソース・ベシャメル（ホワイトソース）にさまざまな具を入れて焼き上げたものを限定して指していますが、実際はそれだけではありません。ソース・ベシャメルの使用は、あくまでも数あるグラタンの一部にすぎないのです。

　その実、いろいろな種類があり、具もさまざまです。例えば、ソース・サバイヨンを使ってみたり、フィリングを魚介類や肉類ではなく、各種のフルーツにしてみたり……。

　ここでは、そうしたことを踏まえて、秋のフルーツをあしらって、甘み仕立てにしてみました。

ラビオリ・オ・フリュイ

イタリア料理のラビオリをスイーツ仕立てで。
パスタ生地の代わりに、お菓子らしくフイユタージュ（パイ生地）を使い、
フィリングにはコンフィチュール（ジャム）。そして、ソースは、
トマトソースやクリームソースの代わりにソース・アングレーズ。
中に詰める具は、チョコレートなど、いろいろアレンジできます。

{材料 12個分}

フイユタージュ・ラピッド（即席パイ生地）

材料

薄力粉…65g
強力粉…65g
バター…90g
塩…2g
水…45㎖
卵黄…適量

砂糖…適量
好みのジャム…適量

作り方

1. 薄力粉と強力粉を一緒にふるい、サイコロ状に切ったバターを加えて手でもみ、そぼろ状にする。

2. 1の中央にくぼみを作り、塩を溶かした水を加え、まわりからくずすように混ぜる。

3. 2をまとめてラップで包み、冷蔵庫で1〜2時間休ませる。

4. 冷蔵庫から3を出し、手粉を使いながら麺棒で延ばす。

5. 4を3つ折りにして横向きにして、麺棒で延ばす。

6. 再び3つ折りにしてラップをし、冷蔵庫で1時間ほど休ませる。

7. 6を3つ折りにして延ばす。

8. 7を2等分にして、それぞれ厚さ1.5㎜×横12㎝×縦15㎝の長方形に延ばす。

9. 8にフォークで空気穴をあける。

9の1枚に刷毛で卵黄を塗る。

卵黄を塗った方の生地全体に砂糖をふる。

11に等間隔に12カ所、丸口金をつけた絞り袋でジャムを絞る。

12に、もう1枚の生地をかぶせ、ジャムがのっていない部分を手で押さえてしっかり接着させる。

13の表面に刷毛で卵黄を塗り、パイカッターで12等分に切り分ける。

14を180℃のオーブンで約15分焼く。

ソース・アングレーズ（カスタードソース）

材料

牛乳…100㎖
卵黄…1個
砂糖…25g

作り方

鍋に牛乳を入れて火にかけ沸騰させている間に、ボウルに卵黄と砂糖を入れて混ぜる。

沸騰した牛乳を少しずつ加えて鍋に戻し、火にかけてとろみをつける。

とろみがついたらボウルに移し替え、氷水で冷ます。

仕上げ

材料

グロゼイユ…適量
セルフイユ…適量
粉糖…適量

作り方

焼き上がったパイを取りだし、冷ましておく。

パイを皿に盛ってソース・アングレーズを流す。グロゼイユとセルフイユをあしらい、粉糖をまぶす。

ワンポイントアドバイス

ラビオリ・オ・フリュイ

- 即席パイ生地を作るとき、薄力粉とバターは混ぜすぎないこと。そぼろ状の状態で留め置かず、すっかり混ぜきってしまうと、生地がなじみすぎてパイ生地特有の食感が得られない。
- 生地は冷蔵庫で休ませないとグルテンの働きで粘り気が強く、延ばそうとしても反発力が強くてよく延ばせない。休ませると粘り気が少しおさまり、延ばしやすくなる。
- 生地にジャムをのせるときは、まわりをあけて、はみ出さないようにする。
- ソース・アングレーズを作るとき、鍋底をこすりながら加熱し、底が焦げ付かないように注意する。
- とろみをつけるとき、加熱しすぎると、卵黄が煮固まったブツブツの状態になってしまうので注意する。

ラビオリの話

"ラビオリ ravioli"とは、イタリア料理の一種で、小麦粉を練って作ったパスタの生地の上に、ミンチにした肉や細かく刻んだ野菜などの具材をのせて、その上から同じパスタの生地をかぶせ、四角や菱型などの形に切ったものです。

語源は"かぶ"を意味するrapa(ラパ)で、薄切りにしたかぶにチーズをサンドした、中世から親しまれている料理に起因するといわれています。

ところで今日のラビオリは、その流れを引いてか、前述のごとき具材をサンドし、ゆでたり、スープの中に入れて作られます。また、通常見られるスパゲッティの麺のように、トマトソースやクリームソースにからめるなどして食されています。ちなみに肉類を好まない、いわゆるベジタリアン向きには、ひき肉に変えてほうれん草などの野菜類や、リコッタチーズなどをはさんで作られることもあります。

この料理は、地方によってさまざまにアレンジしたものが作られています。例えばサルディニア島では、オリーブ油で炒め、白ワインで香味をつけたサイの目切りのモンゴウイカ、あるいはそれにアーティチョークや玉ねぎを加えたものが作られ、それにすりおろしたカラスミをふりかけて食されます。

また、詰め物をしたパスタでは、小さな帽子のように丸めた形のカッペレッティや、円形状のアニョロッティ、円筒形の中にフィリングを詰めたカネロニなどがあります。

Chapitre 2

野菜

légumes

オーガニックな
にんじんケーキ

テレビドラマの撮影協力をきっかけに生まれた、
よくあるキャロットケーキとは装いも味わいも
ちょっと違う"にんじんケーキ"。
ベネディクティンというリキュールやライムピュレをうまく使って、
にんじん独特のくせを和らげて。
控えめな三温糖の甘さが口に広がる、やさしい味のケーキです。

Chapitre 2 野菜 | オーガニックなにんじんケーキ

{材料 直径7cmドーム型×6個分}

飾り用にんじん

材料

にんじん … 適量
水 … 500㎖
三温糖 … 150g

準備

A にんじんの皮をむき、約3cmのシャトーむきを18本用意。切れ端はピュレ用にする。

にんじんピュレ

材料

茹でたにんじん … 100g
ライムピュレ … 50g

作り方

1
ピュレ用に用意したにんじんを5㎜幅くらいの半月切りにする。急いでいるときはもっと薄く切ってもよい。

2
水と三温糖を混ぜて沸騰させシロップを作る。

3
2のシロップの半分を別の鍋に移し、1のピュレ用にんじんを入れて4〜5分沸騰させ火を通す。

4
残りのシロップで、シャトー型にむいたにんじんを4〜5分沸騰させ、やわらかくする。やわらかくなったシャトー型のにんじんは、飾り用として冷蔵庫で冷やしておく。

5
3のピュレ用にんじんをライムピュレと一緒にフードプロセッサーにかけ、にんじんピュレを作る。

にんじんムース

材料

粉ゼラチン … 4g
水 … 20mℓ
三温糖 … 30g
水 … 15mℓ
卵白 … 20g
生クリーム … 50mℓ

にんじんピュレ … 80g
ベネディクティン … 8g

準備

A 粉ゼラチンを水20mℓでふやかし、湯煎で溶かす。

作り方

1 三温糖と水15mℓを118℃まで煮つめる。

2 泡立てた卵白に**1**を注いで泡立て、ムラング・イタリエンヌ（熱いシロップを入れて作るメレンゲのこと）を作る。

3 にんじんピュレに、**A**のゼラチン液、ベネディクティンを混ぜる。

4 6分立てに泡立てた生クリームを、**3**に入れて混ぜる。

5 **2**のムラング・イタリエンヌを、**4**に入れて混ぜる。

6 直径7cmのドーム型の6分目まで**5**を入れ、冷蔵庫で1時間くらい冷やし固める。

にんじんゼリー

材料

粉ゼラチン…6g
水…30㎖
湯…70㎖
砂糖…30g
にんじんピュレ…70g
ベネディクティン…8㎖

準備

A 粉ゼラチンを水でふやかし、湯煎で溶かす。

作り方

1 湯に砂糖を入れて火にかけ、沸騰させて火からおろしシロップを作り、**A**のゼラチン液を加え溶かす。

2 **2**を氷水で冷やし粗熱をとる。

3 粗熱がとれたら、にんじんピュレと混ぜ、さらにベネディクティンを加えて混ぜる。

仕上げ

その他の材料

スポンジケーキ … 適量
加糖し泡立てた生クリーム … 適量
ナパージュ … 適量
セルフィユ … 適量

作り方

1. 冷やし固めたにんじんムースを型から外す。

2. 同じ型に、にんじんゼリーを3分の1くらいの高さまで流し入れる。

3. 2の上に1のにんじんムースをのせて、冷凍庫で1時間くらい冷やし固める。

4. 冷凍庫から取り出す前に、ナパージュを湯煎で溶かし漉す。

5. 冷え固まったにんじんムースを冷凍庫から出す。加糖し泡立てた生クリームを丸口金のついた絞り袋に入れ、にんじんムースの上に絞る。

6. 型と同じ直径7cmに抜いた薄切りスポンジケーキを、5の上にのせる。

7. 型から外して網のトレーの上に置く。

8. 温めておいた4のナパージュを7の底面以外の全体にかける。皿に盛りつけ、加糖し泡立てた生クリーム、シャトー型にんじん、セルフィユを飾る。

オーガニックなにんじんケーキ

ワンポイントアドバイス

- ライムピュレがなかったら、ラムでもよい。
- 粉ゼラチンは水でよくふやかし、湯煎で完全に溶かす。溶かし方が不十分だと、ブツブツが残り、触感を損ねる。
- ムラング、イタリエンヌを作るときの砂糖は、三温糖がなければグラニュー糖や上白糖でもよい。
- 三温糖は沸騰させると吹きあがってくるので、大きめの鍋で作業を行う。
- ベネディクティンがない場合は、ラムで代用してよい。
- スポンジケーキは市販のものを利用してもよい。
- ナパージュはメーカーによって濃度が異なる。濃い場合は水で適宜薄めて用いる。
- ゼリーには、三温糖より透明度の高いグラニュー糖を用いる。

にんじんとお菓子の話

　2008年4月から始まったフジテレビの連続ドラマ「絶対彼氏」で、私どもの銀座のお店がドラマ上の"あさもと洋菓子店"として登場し、全体の監修をさせていただきました。その際、相武紗季さん演じるパティシエールが、何か新製品がないかと苦悶しているところに、父親が突然現れ、「俺が作った無農薬野菜だ、これはうまいぞー」と言って差し入れに来る。「これだっ！」とひらめいた彼女は、これをもって絶品のオーガニックなにんじんケーキを作る……というストーリーがありました。

　巷で売られているような、すりおろしたにんじんを混ぜ込んで焼き上げたキャロットケーキでは今ひとつおもしろくないし、地味でテレビ映えがしない……。そこで、試行錯誤を繰り返した末に考えついたのが、ここで紹介した、"オーガニックなにんじんケーキ"です。

　中身はとろけるようなにんじんのムース。外見もオレンジ色にし、ナパージュでピカピカに仕上げ、料理の手法で作られるような甘味仕立ての小切りにしたにんじんをのせ、にんじんの葉を表すごとく緑のセルフィユをあしらって、視聴者の目により分かりやすくしました。

　おかげさまで、視聴率もしっかりとれ、スタッフや出演者の方々からもおほめの言葉を頂戴し、ひととき私どもの店頭に置いたところ、多くのお客さまにお求めいただきました。

　必要に迫られると生み出される、製品開発の原点に立ち返ったようなスイーツでもあります。

グリーン&ホワイトアスパラガスの
マカロン

アスパラガスはフランスでさまざまな調理に便利に使われています。
菓子店が商うトレトゥールと呼ばれるケータリングでも
よく利用され、カナッペやオープンサンドイッチが人気です。
紹介するアスパラガスのマカロンは、
アスパラガスの香りをほのかに楽しめる、
特に健康志向の人に喜ばれるスイーツ。
また、ホットメレンゲは失敗しにくく、
少量でも作りやすいのが特徴です。

Chapitre 2 野菜 | グリーン&ホワイトアスパラガスのマカロン

{材料 長さ約12cm×6〜7個分}

マカロン生地

材料

卵白…50g
砂糖…40g
粉末アーモンド…65g
粉糖…75g
緑の色素…微量
※白のマカロンを使う場合、色素は不要

準備

A 粉末アーモンドと粉糖を合わせて、ふるっておく。

作り方

1 ボウルに卵白を入れ砂糖を3回に分けて入れ、湯煎しながらホットメレンゲを作る。

2 湯煎からおろしハンドミキサーでしっかりしたメレンゲを作る。ツヤツヤな状態になればホットメレンゲの完成。

3 2にAを混ぜ、タネにツヤが出るまでゴムベラですり合わせるようにして混ぜる。

4 3を半量ずつに分ける（白い生地用と緑の生地用）。一方に少量の水で溶いた緑の色素を混ぜ、緑色の生地を作る。

5 白い生地、緑の生地とも、たらすとつながっている状態になるまでよく練る。

6 丸口金のついた絞り袋に5を入れ、白と緑を6個ずつ12〜13cmの長さに絞る。

7 6を表面が堅くなるまで20〜30分置いてから、140℃のオーブンで約15分焼く。

アスパラガス・クリーム

材料

グリーンアスパラガス…80g
牛乳…60㎖
卵黄…1個（20g）
砂糖…20g
薄力粉…8g
キルシュ…5㎖

シロップ用
水…100㎖
砂糖…40g

作り方

1
グリーンアスパラガス60g分を粗く刻む。後で漉すので筋はとらなくてもよい。

2
1と牛乳をミキサーにかけ、なめらかな状態にする。

3
2を直接鍋に裏ごしして温める。

4
ボウルに卵黄と砂糖を入れてよく混ぜる。

5
4に薄力粉を混ぜ合わせる。

6
3が沸騰し始めたら5に入れて混ぜる。

7
6を鍋に戻して火にかけながら混ぜる。ぶくぶくと沸騰するまで混ぜる。

8
7をボウルに移し替え、氷水でしばらく冷やす。その際、空気と触れる部分が膜を張ってしまうのでラップを忘れずにする。

9
グリーンアスパラガス20gを粗く切る。

鍋に水と砂糖を入れてシロップを作る。沸騰したら9を入れて煮る。

グリーンアスパラガスがやわらかくなったら取り出して細かく刻む。

8に11とキルシュを入れて混ぜる。

仕上げ

※白いマカロン、緑のマカロンともに、同様の工程を行なう。

アスパラガス・クリームを丸口金のついた絞り袋に入れ、マカロンの上に絞る。

アスパラガス・クリームをのせていないマカロンを1にのせ、クリームをサンドして完成。

グリーン&ホワイトアスパラガスのマカロン

ワンポイントアドバイス

- 卵白は十分泡立て、しっかりしたメレンゲにする。
- 粉末アーモンドと粉糖を混ぜたものにメレンゲを加えたときは、ツヤが出るまで十二分に混ぜる。この作業をマカロナージュというが、混ぜ方が足りないと表面が美しく仕上がらない。
- マカロンの生地を絞った後は、表面に膜が張るようにしっかり乾かす。こうすると表面が割れず、きれいなドーム状に持ち上がり、底にピエと称する足ができて焼き上がる。
- マカロンの生地は、焼き過ぎると中が乾燥して堅い触感になってしまうので注意する。
- マカロンを2枚合わせるときは、大きさをそろえる。
- キルシュは熱いうちに加えるとアルコールが蒸発してしまうので、粗熱がとれてから加える。
- クリームに混ぜるアスパラガスは、細かく刻むと存在感がなくなるので、粗く刻むとよい。
- グリーンアスパラガスもホワイトアスパラガスも、作り方は同じでよい。

マカロンの話

　近頃、マカロンがもてはやされていますが、そもそもは大変クラシックなお菓子です。原形のはちみつとアーモンドと卵白で作られていたものは、早くからイタリアで楽しまれていましたが、フランスに渡った後、大きく花開くことになります。

　中世のヨーロッパは宗教の時代といわれていますが、この流れを引いて開けた近世は、政略結婚も含めて各国の交流や融合が推進されていきます。こうした時代背景のもとにマカロンの旅も始まります。

　まず、フィレンツェの名家・メディチ家のカトリーヌ姫が嫁ぐときに連れて行った製菓人の手によって、フランスにもたらされます。それを機に、フランス各地で銘菓として評判を得ていきました。ナンシーの修道院、ムランの聖母マリア修道院、コルメリ修道院等々のものが、よく知られています。

　ところで昨今もてはやされているものは、マカロン・リスと呼ばれる表面をツルッとした状態で焼き上げたものです。これは、1970年になるやならずの頃、パリで作られていたもので、その上品な仕上がりゆえに高い評価を得ていました。その後、しばらくおとなしかったのですが、なぜか近年急に浮上してきて、ついには日本のスイーツ界を席巻するまでになったのです。

　今回は、アスパラガスを使ってマカロンにトライしてみました。ミスマッチと思われるかもしれませんが、口にしてみるとどうして捨てたものではありません。ときには味の冒険をしてみると、新たなおいしさとめぐり会うチャンスがめぐってきます。

ずんだの白くない
白いスイーツ

フランス語で"白い食べもの"という意味のブラン・マンジェは、
その名のとおり、真っ白なゼリー状もしくはバヴァロワ状に作られる
デザート菓子です。アーモンドベースの本来のレシピを再現しつつ、
日本らしく枝豆を組み合わせたところ、新たなおいしさを発見。
見た目もサプライズな、美しい浅い緑色の"白いスイーツ"です。

{材料 10個分}

ずんだのブラン・マンジェ

材料

枝豆…100g
ローマジパン
（パート・ダマンド・クリュ）…55g
牛乳…210㎖
粉ゼラチン…7g
水…35㎖
生クリーム…210㎖
砂糖…65g
バニラエッセンス…少々

アマレット…20㎖
卵白…1個（30g）

※アマレットとは、あんずの核（杏仁）を主原料に何種類もの草根木皮をブレンドして、アーモンドの香りを映して作られたリキュール。ミラノ近くのサロンノという町の量産品で500年の伝統がある。

準備

A 粉ゼラチンを水でふやかし、湯煎で溶かす。

作り方

1 茹でた枝豆を牛乳と一緒にミキサーにかける。

2 枝豆の粒が完全になくなったらミキサーを止める。

3 ボウルにローマジパンを入れ、ヘラでやわらかくする。

4 3に2を少し入れてよく混ぜる。

5 残りの2も2回くらいに分けて入れ、泡立て器でしっかり混ぜる。

6 5を鍋に移し火にかけて沸騰させる。沸騰したら火からおろし、**A**のゼラチン液を入れて混ぜる。

7 枝豆の食感を残したいので目の粗いザルで漉す。

8 氷水で冷やす。アマレットを入れて混ぜて、冷やし続ける。

9 生クリームに砂糖40gを加えホイップクリームを作る。ハンドミキサーで7分立てに泡立てる。

Chapitre 2 野菜 ｜ ずんだの白くない白いスイーツ

9にバニラエッセンスを加えてさらに混ぜる。

卵白に残りの砂糖25gを加えて泡立て、メレンゲを作る。

8と10のホイップクリームと11のメレンゲを合わせて、よく混ぜる。

丸口金をつけた絞り袋に12を入れて、型に流し入れる。

冷凍庫に入れて1時間くらい冷やし固める。

ソース・アングレーズ

材料

卵黄…1個（20g）
砂糖…20g
薄力粉…3g
牛乳…100㎖
ブランデー…少々

準備

A 牛乳を鍋に入れて火にかけ、沸騰させる。

作り方

1. 卵黄、砂糖、ふるった薄力粉を混ぜる。

2. 1にAを少しずつ入れて混ぜる。

3. 2を鍋に戻して火にかけて混ぜながら、とろみをつける。

4. 火からおろして粗熱を取り、ブランデーを加えて混ぜる。氷水でボウル冷ましておく。

仕上げ

材料

季節のフルーツ…適量
枝豆…適量
粉糖…適量

作り方

1. ブラン・マンジェが冷え固まったら、型から中身を取り外す。器に盛りつけ、いちご、ブルーベリー、枝豆などを添える。仕上げにソース・アングレーズをかけ、ミントを飾り、粉糖をふる。

Chapitre 2 野菜 | ずんだの白くない白いスイーツ

| ワンポイント | ずんだの白くない白いスイーツ |
| アドバイス | |

- ◆ ローマジパンは牛乳でよく溶き、ダマにならないようにふるいを通す。
- ◆ ゼラチンは水で十分ふやかした後、湯煎にかけて完全に溶かす。
- ◆ メレンゲは卵白を先に泡立て、最後に砂糖を加えると、キメは粗いが量は多くなる。
- ◆ ここで用いるソース・アングレーズは、なべ底が焦げないように、ヘラでよくこすりながら十分に熱を通す。
- ◆ 仕上げに使うフルーツは、好みのものでよい。

ずんだとお菓子の話

　今日、フランスでも日本でもブラン・マンジェを作る際、多くの菓子店では牛乳を主体とした溶液をゼラチンで固めて作っています。けれども本来は、もっと手間のかかる方法で作られます。石のローラーでアーモンドをひきつぶすと、ほんのわずかの白い溶液が採れるのですが、"アーモンドミルク"と呼ばれるこれを使って作るのが正調ブラン・マンジェなのです。

　今回、アーモンドミルクを得るのは大変なので、それを含んだローマジパンを溶かして本来のものに近づけることにしました。ローマジパンとは、アーモンドと砂糖を挽きつぶしてペースト状にしたものです。ちなみに、アーモンドの量が2分の1以上入っているものがローマジパンであり、正しくはマルツィパン・ローマッセと呼ばれ、とても高い風味をもっています。

　さて、話はブラン・マンジェに戻しましょう。18世紀末から19世紀にかけて活躍した、天才製菓人といわれているアントナン・カレームは、その著書『パリの王室製菓人』の中で、ブラン・マンジェのことを「この素晴らしいアントルメは、大いに美食家たちから評価されているが、そのためには十分白く、口当たりもよくなければならない。めったに兼備することのないこの2つの特徴により、他のクリームやゼリーより人々に好まれるであろう。それはアーモンドが滋養に富み、その苦味をやわらげるに適した多くの油分と香りを含んでいるためである」と評しました。

　ところで、こうは言いながらもカレーム自身は、チョコレート入り、コーヒー入り、いちご入りなどを平然と作っています。当然、褐色やピンク色の白くない"白い食べもの"になってしまいます。けれど、彼はそんなことには無頓着。本質さえ見失わなければと、名前にしばられることなく、自在に美味を追求するところに彼の天才性があるのです。

　さてこの度ですが、今回、日本には素晴らしい豆の文化があることを鑑み、ずんだ入りのブラン・マンジェを作ってみました。"白い食べもの"でありながら、その色は浅い緑。天才製菓人カレームを気取るつもりは毛頭ありませんが、なかなかのものに仕上がりました。

47

キャベツのホンモノシュー

シューは、フランス語でキャベツのこと。そう、シュークリームは、
膨らんだ皮がキャベツに似ていることが名前の由来のお菓子です。
ならばと、キャベツを使ったシュークリームを作ってみることに。
外の皮だけでなく、中のクリームにもキャベツを使って、
形まで本物のキャベツらしく仕立てました。

{材料　3個分}

シュー生地

材料

水 … 50㎖
バター … 15g
塩 … 1g
薄力粉 … 25g
卵 … 大1個（60g）
ゆでたキャベツ … 15g

作り方

1. ゆでたキャベツをみじん切りにしておく。

2. 鍋に水、バター、塩を入れて火にかけ沸騰させる。

3. バターが溶けたらふるった薄力粉を加え、手早く混ぜ、鍋肌に生地がつかなくなるくらいまで練る。

4. 火からおろし、溶いた卵を少しずつ加えて混ぜる。すくったとき、生地がどうにかつながって落ちるぐらいの堅さにする。

5. 4に1のキャベツのみじん切りを手早く混ぜる。

6. 丸口金をつけた絞り袋に5を入れる。テンパンにオーブンシートを敷き、その上にドーム状に3個絞る。

7. 別のテンパンにオーブンシートを敷き、その上に少量ずつ絞る。

8. スプーンを使って7を薄く延ばしていく。

9. ドーム状の生地は190℃のオーブンで約12～13分焼き、膨らんで表面が割れて色がついたら、150℃に下げて約5分焼く。薄く延ばした生地は、190℃のオーブンで約10分焼く。（写真は薄く延ばした生地）

キャベツクリーム

材料

ゆでたキャベツ … 80g
牛乳 … 70㎖
卵黄 … 1個（20g）
砂糖 … 20g
薄力粉 … 10g
コーンスターチ … 5g

コアントロー … 15㎖

作り方

1
ゆでたキャベツを粗く刻む。

2
牛乳と混ぜてミキサーにかけピュレ状にして火にかける。

3
ボウルに卵黄を入れてほぐし、2のピュレを少し加えてから、砂糖、薄力粉、コーンスターチを一緒にふるって混ぜ合わせる。

4
2を3に少しずつ加えて混ぜる。

5
鍋に戻して再び火にかけ、焦げないように鍋底をこすりながら、とろみをつける。

6
火からおろして氷水で冷ましながら、コアントローを加えて混ぜる。

仕上げ

その他の材料

生クリーム…50ml
砂糖…5g
粉糖…適量

作り方

1
シューが焼けたら、薄い方の生地は熱いうちに、小さな器の丸みなどを使って湾曲させる。

2
ドーム状のシュー生地の下側に箸で穴をあける。丸口金をつけた絞り袋にキャベツクリームを入れ、ドーム状のシュー生地の中に絞り入れる。

3
生クリームに砂糖を加えて泡立てたクレームシャンティーイを接着剤代わりにして、薄いシュー生地を重ねていく。1の湾曲させたシュー生地にクレームシャンティーイを塗る。

4
ドーム型の生地に3をつける。

5
湾曲させた薄い生地を4〜5枚くらい張りつけて、キャベツの形にする。

6
上から軽く粉糖をふりかける。

ワンポイントアドバイス　キャベツのホンモノシュー

- シュー生地を作るとき、薄力粉を加えたら十分練って糊化させる。
- シューダネが堅すぎる場合は、卵を足す。
- シュー生地は膨らんで表面がきつね色になってもすぐにオーブンから出さない。割れ目が白いうちに出すと、しぼんでしまい、2度と膨らまない。割れ目まで色がついたら、出してもしぼまない。
- キャベツクリームは、とろみがついてもさらに1〜2分火にかけて練る。熱の入れ方が弱いとクリームが傷みやすくなる。
- 仕上げで薄いシュー生地の湾曲が弱いときは、かるく霧を吹いてやわらかくして組み立てる。

シュークリームの話

　英語圏を旅行中、お菓子が食べたくなってホテルのボーイさんに「シュークリームを……」と注文したところ、持ってこられたのが何と靴クリームだった……というのは、よく起こる実際のお話です。

　なぜこんなことが起きるのかと言えば、シュークリームは、フランス語のシューに、英語のクリームをつけてしまった和製英語だからです。

　正式なフランス語名はシュークリームではなく、"シュー・ア・ラ・クレーム"といいます。シューとはフランス語でキャベツを意味します。ボコボコッと膨らんで焼けた形がそれらしいとして、"クリーム入りのキャベツ"と呼ばれるようになったのです。

　ところでシュー生地は、どうしてあんな形に膨れるのでしょう。その理由は水蒸気にあります。お餅を焼いたときを考えるとわかりやすいと思いますが、お餅の場合、膨れるだけ膨れたら、割れてプシューっと縮んでしまいます。ところがシューダネの場合は、粘りのある小麦粉の生地が水蒸気による膨張を、弾力をもってゴム風船のように受け止めます。ちょうどよく膨れ上がったときタイミングよく中に練りこまれている卵が焼けて固まり、結果、中が空洞の何とも不思議な生地ができあがります。

　ところで、キャベツは全国各地にありますが、私どもの地元である神奈川県川崎市のもの、特に久末地区のものは高い評価を得ています。地元産のキャベツを使ってどのようなお菓子ができるかを考えたとき、すぐに思い浮かんだのがこのシュークリームでした。

れんこんの
しゃきしゃきゼリー

れんこんのシャキシャキした食感を生かしたスイーツを作ってみようと思い、
選んだのがゼリー仕立て。れんこんはもちろん、にんじんや、きゅうりなど、
野菜が主役のゼリーは、レモンの酸味とほどよい甘みがうまく調和した、
清涼感あふれるデザートです。

{材料 5個分}

野菜フィリング

材料

れんこん…100g
レモン果汁…20㎖
にんじん…適量
きゅうり…適量
水…250㎖
砂糖…80g

レモン果汁…20㎖

作り方

1
れんこんは皮を厚くむき、3㎝幅に切ったら、れんこんの穴の周りのくずを水洗いで取り除く。

2
繊維に沿って薄切りにしたら、縦に千切りにして水にさらす。ボウルに水とレモン果汁を入れ、2のれんこんを2～3時間浸して灰汁を抜く。

3
にんじんときゅうりを薄切りにし、葉や花びらの型で抜く。型を抜いて余った部分は細かく刻む。

4
2のれんこんをザルに上げ、水洗いして水気をよく切る。

5
鍋に水250㎖、砂糖80g、レモン果汁20㎖、4のれんこん、3のにんじんを入れ火にかけ煮詰める。

6
5が煮詰まったら火を弱め、10～15分煮てから火を止める。3のきゅうりを入れて冷まし、味を浸みこませる。

寒天

材料

粉寒天…4g
水…400㎖
砂糖…150g
レモン果汁…40㎖
キルシュ…25㎖

作り方

1. 鍋に粉寒天と水を入れて火にかけ、溶けたら砂糖を加えて、沸騰させる。

2. 沸騰したら火からおろし、レモン果汁とキルシュを加える。ボウルに移し替えて冷ます。

仕上げ

1. 寒天が冷めたら、透明の容器に、3分の1くらいの高さまで流し入れる。

2. 野菜フィリングをザルにあげて汁気をよくきってから、1にひたひたになるくらいの量を入れる。

3. 2の寒天が固まり始めたら、残りの寒天を容器に流し入れる。

4. 残りの野菜も入れ、冷蔵庫で20分くらい冷やし固める。

| ワンポイント アドバイス | れんこんのしゃきしゃきゼリー |

- れんこんは穴の周りのくずやよごれをよくとっておく。
- れんこんは、水にさらして灰汁抜きをしておく。
- れんこんとにんじんは、食感を少しやわらかくするために、水溶液とともに火にかけておく。きゅうりも同じようにすると柔らかくなりすぎるため、後から加えて、同じくらいの食感に調節しておく。
- 容器に入れるとき、中に閉じ込めるために、はじめに溶液を入れ、その上にフィリングを散らして一度冷やし固め、その上から再び溶液を流し固める。

れんこんとお菓子の話

　れんこんは、今は正直、さほどもてはやされていませんが、かつては食用としてはレギュラー選手の扱いをされており、古来より"クサダモノ"として果実のひとつにとらえられていました。ちなみにいにしえの人々は、果実を大きく分け、梨、ざくろ、りんご、桃、柿などは、木になるクダモノ。瓜、なす、あけび、いちご、蓮の実などをクサダモノと呼んでいました。そして、これらすべてを"果子"と称していたようです。

　ついでながら、私たちの祖先である大和民族の食生活をのぞいてみると、肉食の習慣をもたないわけではなかったとはいえ、総体的にはヨーロッパ人のような狩猟民族とは違う、もう少し穏やかな農耕漁撈（ぎょろう）民族だったようです。うるち米やもち米、あわ粟、ひえなどを食したり、川辺や海辺で魚介類をとって生活していました。そして、しばしば間食用として、山野にある木の実や果物を口にしていたといいます。このナッツやフルーツが果子だったわけで、後に、果の上にクサカンムリがついて菓子とあいなった次第。つまり、源までさかのぼると、お菓子のご先祖様はフルーツとナッツだったのです。この点に関しては、西欧社会をはじめ、世界のさまざまな地域の源とも変わりはありません。ただ、始まりが間食だったという、口にするタイミングでは幾分のずれを感じます。この流れは、長いときを経た今日でも引き継がれているとみえ、日本のお菓子に対するもともとの捉え方は、欧米のような食後のデザートとはやや異なり、おやつやお茶受けといったニュアンスが色濃く残されています。

　さてそれはともかく、クサダモノの蓮の実、その根っこの部分のれんこんを、今様のお菓子に仕立ててみようと思い立ち、れんこんのシャキシャキした食感を生かすならば、清涼感あふれるデザートがいいと、イメージはどんどん膨らみ……。結果、れんこんのしゃきしゃきゼリーは、おもしろい仕上がりになりました。

アイスプラントの
鉢植えデザート

凍っているような感じから、アイスプラントの名前がついた野菜。
この涼しげな野菜には、ゼリーがことのほか似合います。
見た目も遊び心で、"プラント"の名前にふさわしく、鉢植えをイメージして。
野菜たっぷりのスイーツは、食後のデザートだけでなく、
ティータイムにもおすすめです。

{材料 5個分}

レモンゼリー

材料

水…15㎖
粉ゼラチン…3g
水…100㎖
砂糖…25g
レモン果汁…15㎖
アイスプラント…75g

準備

A 粉ゼラチンを水15㎖でふやかし、湯煎で溶かす。

作り方

1
水洗いしたアイスプラントを適量に手でちぎり、器の底に入れる。

2
鍋に水100㎖と砂糖を入れ火にかけ沸騰させる。

3
2が沸騰したら火からおろし、**A**のゼラチン液を入れて混ぜる。

4
3をボウルに移し替え氷水で冷やし、レモン果汁を加える。

5
4を器の高さ4分の1くらいまで注ぐ。

6
冷蔵庫で1時間ほど冷やし固める。

ヨーグルトゼリー

材料

水 … 30㎖
粉ゼラチン … 6g
牛乳 … 50㎖
アイスプラント … 50g
砂糖 … 60g
ヨーグルト … 250㎖

レモン果汁 … 5㎖

準備

A 粉ゼラチンを水でふやかし、湯煎で溶かす。

作り方

1 鍋に牛乳を入れ火にかけ、沸騰したら火からおろし、砂糖を入れてよく混ぜる。

2 1にアイスプラントを入れて混ぜる。

3 2をフードプロセッサーにかける。

4 3をボウルに移し替え、**A**のゼラチン液を入れて混ぜ、氷水で冷やす。

5 4にレモン果汁を入れて、とろみがつくまでよく冷やす。ここでしっかりとろみをつけておかないと、仕上がったときにふんわり感が出なくなってしまう。

6 写真のように、泡立て器で混ぜたときに線がつくくらいのとろみが理想。

7 6にヨーグルトを2、3回に分けて入れて混ぜる。ヨーグルトを一度に全部入れると量が多すぎて無理やり混ぜてしまうため、仕上がったときに目が詰まってしまう。

8 固まった状態になったレモンゼリーの上に、ヨーグルトゼリーを流し入る。

9 冷蔵庫で1時間ほど冷やし固める。

仕上げ

その他の材料

加糖し泡立てた生クリーム…適量
アイスプラント…適量

作り方

1
冷蔵庫から固まった状態になったゼリーを出す。加糖して泡立てた生クリームを、丸口金をつけた絞り袋に入れて、ゼリーの上に絞る。

2
1にアイスプラントを飾る。

ワンポイント アドバイス

アイスプラントの鉢植えデザート

◆ レモンゼリーは、アイスプラントが浸るくらいを目安に注ぐ。
◆ レモンゼリーは十分固めないと、上から流すヨーグルトゼリーが沈み込んでしまう。
◆ ヨーグルトゼリーを作るとき、アイスプラントは牛乳と一緒にフードプロセッサーにかけると、ピュレを作りやすい。
◆ レモン果汁は最後に入れないと、牛乳が分離してしまう。

アイスプラントとお菓子の話

　アイスプラントは、南アフリカを原産とするサボテンのような多肉汁組織を持つ植物です。塩分と酸味を含んだテイストに加えてシャキシャキ感にあふれた食感、血糖値を下げる効果も期待できるとあって、メタボリック解消対策にも最適とくれば、今の世に受け入れられないわけがありません。そこで本書においても、率先してスイーツ仕立てにしようと、あれこれ思いをめぐらせてみました。

　お菓子作りに用いるいろいろな手法の中で、どの調理の仕方であれば新野菜・アイスプラントの素晴らしさを引き出せるのか。煮たり焼いたりの加熱作業もいいけれど、それはこのニューフェイスがもう少しなじまれてからでもいいのではないか。まずは、特徴を最大限に引き出して味わい、認知してもらうことが先決ではなかろうかと思い至りました。

　そこで、この素材の食感を生かすべく、姿形はそのまま、あるいはピュレ状にしてゼリーの中にその風味を閉じ込めてみたりと、あえてさほどの複雑な手続きを踏むことなく、ひとつにまとめ上げてみることにしたのです。

　サボテンのようなアロエのような、ちょっと肉厚の姿もいい。よく見ると、その表面には、まるで朝露を思わせる水滴のような透明のツブツブが細かくついていて、光に反射しキラキラ輝いている。また、見るからに健康的な緑の色合いも素晴らしい――。そうした特徴を生かすべく、まずは透明なレモンゼリーにしずめ、中間のヨーグルトゼリーにはピュレ状にしたものを混ぜて、淡い緑の色づけをし、さらにその上には鉢植えを思わせるように、活けるように盛ってみました。

　お菓子の素材はたくさんありますが、新たな試みができて、それがしっかりサマになるというものは、それほど多くはありません。どうぞ皆さま方も、ご自分なりの感性を持って、この新素材の味わい方や盛りつけ、飾りつけなどをお楽しみください。

Chapitre 3

魚介

fruits de mer

ウニのパルフェ・グラッセ

お菓子に仕立てようとしてできない素材はひとつもないと思うのですが、
比較的なりにくいものがあるのも事実で、それが海産物のジャンルです。
ウニをお菓子にするのは普通にとらえればクセ球ですが、
ウニのクリーミーな食感はお菓子向きではと思い、
素材の特徴を最大限に引き出し、なおかつ口当たりに
よりインパクトを与えるために、"ムース・グラッセ"でまとめてみました。

{材料 16個分}

ウニのフィリング

材料

卵黄 … 3個（60g）
ウニ … 50g
砂糖 … 70g
水 … 30㎖
ラム … 8㎖
生クリーム … 200㎖

作り方

1. ボウルに卵黄、ウニを入れ、ハンドミキサーですり合わせ、砂糖と水を鍋に入れ115℃のシロップを作り、泡立てながら注ぎ入れる。

2. 湯煎しながら、さらに泡立てる。温度が80℃になったら湯煎からおろす。

3. 2を氷水で冷やしながら、さらに泡立て続ける。

4. 写真のように持ち上げたらドロッとするくらいまで泡立てる。赤いブツブツが見えるのはウニの繊維なので、失敗だと誤解しないように。

5. 生クリームにラムを入れて7分立てに泡立てる。

6. 4が冷めたら5を入れて混ぜ合わせる。

7. 丸口金をつけた絞り袋に6を入れ、シリコン型に32粒（1個につき2粒なので）、絞り入れる。冷凍庫で約3時間冷やし固める。小さいけれどゼラチンが入っていないので、3時間はしっかり冷やすようにする。

{材料 6cm×16個分}

シュー生地

材料

水…100㎖
バター…75g
塩…1g
薄力粉…80g
卵…3〜4個
卵黄（上塗り用）…適量

作り方

1. 鍋にバターと塩と水を入れ火にかける。沸騰しすぎると量が減ってしまうので沸騰と同時にバターが解けるのが理想。ここで分量に誤差が生じると、良い状態で焼き上がらなくなる。

2. バターが溶けたら火を弱め、ふるった薄力粉を加えてよく混ぜる。

3. 温度を下げるために2をボウルに移す。熱くなっている状態の鍋の中で卵を混ぜると、温度がこもってしまい失敗しやすいので気をつける。

4. 溶いた卵を4分の1くらい入れてなじませる。卵の量は水分の飛ばし具合にもよるので、少しずつ様子を見ながら加える。

5. なじんできたら卵を足し、混ぜてまたなじませる。

6. シュー生地は垂らしたときに、3秒くらいで落ちるのが理想。煮詰め具合などで卵液の量は変化するので注意する。

7. 丸口金をつけた絞り袋に6を入れ、オーブンシートの上にドーム状に絞り、刷毛で溶いた卵黄を表面に塗る。直径4cmくらいで仕上がりは6cmくらいになる。

8. 190〜200℃のオーブンで、7を12〜13分焼く。生地がふくれて割れ、きつね色になったら160℃に温度を落とし、割れ目に色がつくまで焼く。

Chapitre 3 魚介 | ウニのパルフェ・グラッセ

仕上げ

その他の材料

そうめん … 適量
チョコレート … 適量

作り方

1
そうめんを濃い目に色がつくくらい、こんがり揚げる。

2
湯煎でチョコレートを溶かす。

3
焼き上がったシュー皮の真ん中を切り、切ったシューの皮を逆向きにして入れる。

4
ウニの殻に見立てるように、揚げたそうめんを**3**にさす。

5
4をチョコレートでコーティングする。

6
冷凍庫からウニのグラッセを出して、型から外しグラッセを2個ずつシュー皮の中に入れる。

ワンポイント アドバイス	ウニのパルフェ・グラッセ

- ◆ ウニのグラッセは撹拌凍結ではなく静置凍結なので、できるだけ気泡を含ませる。気泡が少ないと、スプーンが入りにくくなる。
- ◆ ウニのグラッセを作る工程のシロップは、煮詰める温度が高くなるほど、冷えたときの凝固力が強くなる。115℃より低いと気泡を支えにくくなり、それより高いと堅くなりすぎて混ざりにくくなる。
- ◆ ウニのグラッセを作る工程で生クリームと合わせるとき、卵液は十分冷ましておく。温かいと生クリームの状態が悪くなる。
- ◆ シュー生地を作る工程で薄力粉を入れるとき、強火のままで行うと焦げつくおそれがあるので弱火にする。薄力粉を入れた後は、手早くかつしっかり混ぜ、十分糊化させる。
- ◆ シュー生地を作るときは、鍋肌に生地がつかなくなるまで水分を飛ばす。
- ◆ 卵を入れるとき、初めは種がツルツルして混ざりにくいが、次第になじんでくる。
- ◆ オーブンに入れて焼くときは、ふくれてキツネ色になってもすぐに出さない。割れ目の白いうちに出すとしぼんでしまい、焼き直しても二度とふくらまなくなってしまう。温度を下げてさらに焼き、割れ目に色がついたらオーブンから出しても大丈夫。

パルフェ・グラッセの話

　パルフェ・グラッセとは、氷菓の手法のひとつです。通常、アイスクリームやシャーベットといわれるものは、溶液を容器に入れ、そのまわりを氷点下以下に下げます。すると容器の内側が冷えて、そこについた溶液は瞬間凍結します。その凍りついた溶液をヘラ状の羽根でこすり落とし、これを何回も繰り返します。その結果、溶液は次第に氷結したたくさんの細かい粒子となっていきます。これを撹拌凍結といい、作るには専用のフリーザーが必要ですが、なくても口溶けのいい氷菓を作ることは不可能ではありません。

　溶液ならぬ元のタネに、あらかじめたくさんの気泡を含ませておくのです。そしてそれを容器に入れて凍結させます。こうすれば、いくら凍らせても大丈夫です。空気は凍らないので、冷凍庫から出したてでも、フォークやスプーンが使えるというわけです。こうしたお菓子を"ムース・グラッセ"とか"パルフェ・グラッセ"と呼んでいます。

　この手法を心得ておくと何かと便利です。たいがいのものに応用が可能だからです。例えば、いちごのピュレを泡立てた生クリームに混ぜ、しっかり泡立てたメレンゲと合わせて凍結させれば、"いちごのムース・グラッセ"ができます。いちごが洋梨に代わっても、スイカでもメロンでも、何でもOKです。ただ、ウニで作る方はそうはおられないはずですが。このあたりが、もの作りのちょっとしたおもしろいところでもあります。

多摩川鮎の
トロトロチーズケーキ

新鮮な多摩川の鮎を使ってケーキを作る試み、
そのアイデアのヒントは茶碗蒸し。
鮎の臭みは、甘露煮をイメージして
シロップ煮にすることでクリアし、
魚介入りの茶碗蒸しをイメージしたチーズケーキに。
湯煎焼きでトロトロに仕上げたチーズケーキは、
スフレとプリン、2つの味を楽しめます。

{材料 6個分}

鮎のシロップ煮

材料

鮎 … 1尾
水 … 200㎖
砂糖 … 100g
グランマルニエ … 50㎖
南天の葉(仕上げ用)… 適量

作り方

1
鮎はよく水洗いしてぬめりをとり、三枚おろしにする。

2
まず頭を切ってから、腹を切り、内臓を手で取り出して水で洗い流す。このとき、汚れ(内臓)が残っていると、火を通したときに臭みがきつく残ってしまうので、きれいに洗い流す。

3
3枚におろし、お腹の小骨がついているところをていねいに切る。

4
2㎝を目安にぶつ切りにする。

5
シロップを作る。鍋に水200㎖と砂糖を入れて混ぜ強火にかける。

6
5を沸騰させてから鮎を入れる。

7
2分くらい煮て、鮎に火を通す。

8
火からおろしたら、グランマルニエを入れそのまま冷やしておく。

チーズプリン

材料

クリームチーズ…80g
砂糖…30g
卵…1個
牛乳…80㎖
生クリーム…80㎖

作り方

1 ボウルに室温でやわらかくしたクリームチーズを入れ、砂糖を加えて混ぜる。

2 1に卵を入れて混ぜる。

3 牛乳と生クリームを入れて鍋を火にかけ沸騰させる。

4 3を2に注ぎ入れて混ぜてからザルで漉す。

チーズスフレ

材料

卵黄 … 1個(20g)　　砂糖 … 25g
砂糖 … 25g
薄力粉 … 10g
牛乳 … 100㎖
クリームチーズ … 135g
卵白 … 40g

作り方

1 溶いた卵黄に砂糖25g、薄力粉10gを入れてよく混ぜる。

2 1に沸騰させた牛乳を注ぎ入れ鍋に戻し、温めながらよく混ぜる。カスタードが完成。

3 湯煎でやわらかくしたクリームチーズに2を3回くらいにわけて入れてよく混ぜる。

4 卵白に砂糖25gを混ぜてしっかりと泡立て、メレンゲを作る。

5 3に4のメレンゲを少し入れて混ぜてから、残りのメレンゲも入れて混ぜる。

6 たらして筋が残るくらいの状態にする(リュバン状)。

仕上げ

材料

ナパージュ… 適量
南天の葉 … 適量

1 器に鮎のシロップ煮を入れる。1人分、3〜4個が目安。

2 1にチーズプリンの溶液を流し込む。

3 丸口金をつけた絞り袋にチーズスフレ種を入れる。2の外側から中心に向かって渦を巻くように絞る。

4 3をテンパンに並べる。湯煎焼きにするので、テンパンにお湯を入れる。

5 140度のオーブンで約20分、湯煎焼きにする。

その際、横の通気口(ダンパー)を開けておき、オーブンの扉も、写真のようにして、すき間を開けておく。そうしないと熱がこもり、スフレがふくらみすぎてパカッと割れ、下に落ちてしまう。

6 20分経ったら向きを変え、今度はオーブンの扉は閉じて約40分焼く。

7 焼き上がった直後はふんわりと高さがあるが、5分くらいするとちょうど器の高さくらいになる。

8 ナパージュを塗り、南天の葉を添える。

ワンポイント アドバイス	多摩川鮎のトロトロチーズケーキ

- 鮎は洗った後、紙か布をあてて、ぬめりを取る。
- 鮎を細かく切りすぎると、存在感がなくなってしまうので、粗刻みにとどめ置く。
- 鮎のシロップ煮を作るとき、粗熱をとってからグランマルニエを加える。熱いうちに加えると、アルコールが飛んでしまう。
- チーズプリンを作るとき、あまり泡立てないように混ぜる。
- チーズスフレを作るとき、クリームチーズは湯煎にかけてやわらかくしてから混ぜる。
- 仕上げでチーズプリンの上にチーズスフレを絞るとき、中央から絞るとタネが沈んでしまうので、器の縁に沿って絞る。
- 湯煎時は、オーブンの扉を時々開けて蒸気を抜き、温度を調節する。

多摩川鮎とお菓子の話

　近年、神奈川県を流れる多摩川でとれる"多摩川鮎"が話題になりました。私どもの仕事の拠点も多摩川に程近く、また私の住まいもそこからさほど遠くないところにあるため、地域住民の一人として胸がときめき、美しさを取り戻した多摩川を誇りに思ったものです。

　鮎をお菓子の素材に……。これもおおよそ人の考えつかない組み合わせだろうと思いますが、感慨もひとしおゆえ、チャレンジしないわけにはいきません。

　鮎をお菓子仕立てにするにあたり、いろいろなバリエーションが考えられますが、ここでは鮎本来の持つイメージから、和風仕様にしてみました。料亭や和食レストランの趣で、まずは形から、というわけです。

　たまたま、私どものスタッフが、和風の素晴らしい器を見つけてくれました。写真のものですが、これをふた付きの陶器、例えば、よく茶碗蒸しに使われるようなものにしてもいいかと思います。

　そして、その中身は、湯煎焼きでトロトロに仕上げたチーズケーキ。しかも器の上半分はふんわりとしたチーズ風味のスフレ生地、下半分はとろけるようなプリン生地……。この時点で、召しあがる方はすでに2度のサプライズを味わえるわけです。

　さらに中からは、新鮮な多摩川鮎のシロップ煮が出てきます。口に含むグランマルニエというフランス人の誇るオレンジリキュールの名品が、魚臭さを一掃して、かつあまりある芳香な香りを漂わせてくれます。

　"多摩川鮎のトロトロチーズケーキ"というひとつの器に込められた、いくつもの美味なサプライズをお楽しみいただけたら、作り手冥利につきるというものです。

ガゴメコンブの
塩キャラメル

健康食材として注目されているガゴメコンブを、
お菓子で手軽にいただくことができないか……。
そんな思いから生まれたこのお菓子は、さして手間もかからずに作れるうえに、
日持ちもするので作り置きしやすく、ギフトにも適しています。
また、ガゴメコンブの代わりに、マンゴー、コーヒー、チョコレートなど、
味や色のアレンジも思いのままに……。

{材料 約30個分}

ガゴメコンブの塩キャラメル

材料

砂糖…180g
水飴…80g
生クリーム…180㎖
塩……2g（砂糖に混ぜてある）
レモン果汁…4㎖
ガゴメコンブパウダー…4g

バター…8g

作り方

1. 鍋に生クリーム、砂糖、水飴、塩、レモン果汁を入れる。

2. ガゴメコンブパウダーは直接入れるとダマになってしまうので、少量の1で溶く。

3. 2（溶いたガゴメコンブパウダー）を1に入れて火にかけて混ぜる。

4. 3を115℃になるまで煮詰める。

5. 火からおろし、バターを加えて混ぜる。

6. 5を、サラダオイル（分量外）を塗ったバッドに流し、冷蔵庫で1時間くらい、冷やし固める。

7. 冷蔵庫から出して型から外し、好みの大きさに切る。今回は4cm×1.5cmで切り分けた。

| ワンポイント アドバイス | ### ガゴメコンブの塩キャラメル

◆ 煮詰める際、吹きこぼれるのが心配だからと、大きな鍋を使うと、鍋のヘリなどに焦げがつく恐れがあるのでNG。キャラメルなどを作るときは、小さめの鍋を使うとよい。
◆ 糖液は温度が微妙に変化するため、温度は正確に計る。煮つめる温度が高ければ高いほど、冷やしたときに凝固力は強くなる。
◆ 煮詰めた飴状の生地を作業するときはベタつくので、バット、ナイフ、メジャーなどにはあらかじめサラダ油を塗っておく。
◆ 濃度の高い糖液は結晶化しやすい。少量のレモン果汁を加えることにより、結晶化を防ぐことができる。
◆ ガゴメコンブの塩キャラメルはソフトタイプなので、室温ではすぐやらわかくなって切り分けにくくなる。冷蔵庫で冷やしておくと切りやすい。途中でやわらかくなったら、すぐに冷凍庫などに入れて固めてから、再び切り分け作業を行うとよい。

キャラメルとガゴメコンブとお菓子の話

　お菓子の世界を大きく分けると、パティスリーと呼ばれる生菓子や焼き菓子、グラスと呼ばれるアイスクリームやシャーベット、そして砂糖を中心としていろいろなものに結びつく糖菓と訳されるコンフィズリーの3つのジャンルに分けられます。
　コンフィズリーをもう少し詳しくみると、砂糖の変化で作られるものが、飴やキャラメル、リキュール・ボンボンなどです。砂糖がフルーツと結びつけば、パート・ド・フリュイやジャム類、砂糖がカカオと結びつけばチョコレート、砂糖がナッツと結びつくとヌガーやマジパンが作られます。よって、飴やキャラメル類のお菓子は、コンフィズリーと呼ばれるお菓子群なのです。
　砂糖に水を加え、煮つめてシロップを作るのですが、このときの煮つめ温度が高ければ高いほど、冷やしたときの凝固力が強くなります。例えば、種類にもよりますが、ドロップなどは145℃くらいまで煮つめた後、冷やし固めます。よって、あのように堅くなるのです。また、キャラメルと称されるものは、だいたいが130～140℃ほどで作ります。したがって、口当たりのやわらかい仕上がりになります。近年流行ったソフトキャラメルは、それよりもっと低い温度で作られています。
　さて、ここではガゴメコンブ入りの塩キャラメルに挑戦しました。ガゴメコンブは、フコダインを多く含むコンブで、近年、健康食品のひとつとして大いに話題を集めています。フコダインは海藻類に含まれているヌメリ成分で、抗ガン作用やコレステロールの低下作用、抗ウィルス作用、抗アレルギー作用などがあるとされています。これほど身体にいいものを利用してお菓子を作れたら、こんなに素晴らしいことはありません。
　そもそもは、私どものスタッフの「コンブ飴というものがあった」という一言から、ガゴメコンブとキャラメルの組み合わせに思い至ったのですが、華やかに見える洋菓子の世界ばかりを探すのではなくもっと身を引いて広角に見れば、いろいろなものが見えてくるものだと学んだ機会でもありました。

三陸ワカメと味噌の
ヌガー・モンテリマール

南フランス・モンテリマールのお菓子"ヌガー・モンテリマール"を、
東日本大震災後の復興を願って三陸のワカメ入りで作ってみました。
ワカメといえばお味噌汁ですから、味噌テイストで。
南フランスと三陸の海岸が、口の中で絶妙に溶け合います。

{材料 約50個分}

ワカメのコンポート

材料

ワカメ…15g（水で3〜5分ふやかしておいたもの。コンポートにすると約30gになる）
砂糖…50g
水…100㎖
レモン…2分の1個

作り方

ふやかしたワカメと砂糖、水、レモンを鍋に入れ、火にかけて沸騰させる。常温のまま冷まし、コンポートしたワカメを5㎜角に切る。

ヌガー・モンテリマール

材料

砂糖…140g
水飴…40g
はちみつ…185g
水…50㎖
卵白…30g
砂糖…10g
焼いたアーモンド…110g
焼いたヘーゼルナッツ…75g
ピスタチオ…15g
ドレンドチェリー（水洗いし粗く切ったもの）…15g
ワカメのコンポート…20g
味噌…15g

※「ヌガー・モンテリマールと呼ぶには、全体量に対してアーモンドが28％以上、ピスタチオが2％以上、はちみつが25％以上含まれていなければならない」との規定が設けられている。なおこの度はアーモンドの一部をヘーゼルナッツに置き換えて製作した。

作り方

砂糖140g、水飴、はちみつ、水を鍋に入れて火にかけ、148℃まで煮詰める。

卵白に砂糖10gを加えミキサーにかけて、十分に泡立てる。

1と2と同時進行で行い、1が煮詰まったときに、ちょうどよい状態のメレンゲになるようにする。

1が148℃まで煮詰まったら、2のメレンゲを撹拌しながら1を少しずつ注ぎ入れる。

4のボウルを湯煎にかけ、撹拌を続ける。

余分な水分が蒸発して、ねっとりしてきたらミキサーを外す。

6に、あらかじめ温めておいたナッツ類（アーモンド、ヘーゼルナッツ、ピスタチオ）、ドレンドチェリー、ワカメのコンポート、味噌を加えて混ぜる。

混ぜにくいほどに固くなってしまった場合は、ボウルを湯煎して混ぜるとよい。

粉糖（分量外）をふった台の上に7をのせる。

上から粉糖をふり、手につかない程度に固まるまでまとめる。

手につかない程度に固まったら、粉糖をふった台の上で棒状に丸める。

4等分に切る（盛りつける最中の大きさに応じて長さは変わる）。

盛りつける最中の大きさに合わせて延ばす。べたついたら、その都度、粉糖をふる。

冷蔵庫で30分くらい冷やして、生地を落ち着かせる。

Chapitre 3　魚介 ｜ 三陸ワカメと味噌のヌガー・モンテリマール

仕上げ

材料
最中の皮（直径3cm）…適量

作り方

1　冷蔵庫から生地を出したら、粉糖（分量外）をふって形を整える。

2　生地を最中の皮のサイズに合う幅に切り分ける。

3　最中の皮に詰める。

ワンポイント アドバイス	三陸ワカメと味噌のヌガー・モンテリマール

- ワカメのコンポートは生臭さを抜くために、レモンを加えてシロップに十分浸しておく。
- ヌガーのメレンゲは、しっかりツノが立つほどに十分泡立てる。
- シロップの温度は148℃まで煮詰めるのがポイント。煮詰める温度が低いと生地がやわらかくなりすぎ、高すぎるとメレンゲに混ぜたときにかたまりになってしまう。
- メレンゲの泡立ち具合に合わせながら、同時進行でシロップを煮詰めていく。
- シロップをメレンゲに加えるときは、メレンゲは撹拌(かくはん)を続けながら、滝の白糸のように少しずつ流し入れていく。
- ボウルを高い温度の湯煎にあて、全体に十分熱しながら水分を飛ばす。
- ドレンドチェリーはそのまま入れると赤い色が出てしまうので、あらかじめ水洗いし、水気をよくふき取っておく。
- ナッツ類やチェリー類は、冷えていると加えたときにメレンゲが冷えて固まって混ざりにくくなるので、あらかじめオーブンで温めておく。
- ヌガーは冷やしすぎると切り分けにくくなる。生地が少し落ち着く程度でよい。

ヌガーの話

"ガゴメコンブの塩キャラメル"のコラムでもお話したコンフィズリーの中には、砂糖とナッツ類が結びついてできるヌガーというお菓子があります。とてもおいしいスイーツで、古来より多くの人々の舌を魅了してきました。

ヌガーには大きく分けて、褐色の堅いものと白くてやわらかいものの、2つのタイプがあります。前者は英語表記では"ブラウンヌガー"といい、後者は"ホワイトヌガー"または"ソフトヌガー"と呼ばれています。フランス語になると発音が似てちょっとややこしくなり、前者は"nougat brun"で、後者は"nougat blanc"です。

この2つは同じヌガーという名を持ちながらも、味覚、形態、食感、色彩など、どこをとっても趣が異なります。共通点といえば、砂糖とアーモンドです。この素材をたどって歴史をさかのぼると、中央アジア、中国の奥地あたりになるといわれ、その昔、その地に産するアーモンドが基点となったと推察されます。そこから西方に伝わって、北方からヨーロッパに入り、フランスに届いたのが、茶色で堅いヌガー。一方、南からきてフランスのモンテリマールから北に上って伝えられたものが、白くてやわらかいヌガーといわれています。ゆえに、後者は、"ヌガー・モンテリマール nougat Montélimar"とも呼ばれています。伝えられる経路により、様々な手が加えられてきたため、出発を同じにしながらも終点ではかなり違った形になってしまったのです。そしてまた、フランス語に限っていえば、アジアに戻り日本に入ってくると、カタカナ表記の上では全く同じ2つのヌガー・ブランになってしまいます。

ところで、白いヌガーについていえば、命名の由来は1701年にブルゴーニュ候がスペインからの帰りに、モンテリマールの街を通った際、市民から贈られたことによるとされています。また、ヌガー自体については、あまりのおいしさに「我々を堕落させる」という意味のフランス語の"イル・ヌー・ガート il nous gâte"からきたもので、これが縮んで"ヌガー nougat"になったといわれています。

海の幸のスコーン

イギリスの代表的なお菓子"スコーン"と、
海の幸を組み合わせてみました。サケにホタテにアワビに……と、
ちょっと贅沢なスコーンは、軽い食事代わりにもなります。

{材料 10個分}

スコーン生地

材料

薄力粉…225g
ベーキングパウダー…5g
砂糖…10g
バター…50g
塩…5g
焼いてほぐしたサケ…50g

玉ねぎ…30g
みつ葉…10g
アワビ…20g
ホタテ…20g
卵…大1個
牛乳…50㎖

作り方

1. 玉ねぎをみじん切りにする。

2. ホタテ、アワビを5㎜ぐらいの大きさに切る。

3. みつ葉をみじん切にする。

4. バター(分量外)で玉ねぎを透き通るくらいまで炒める。

5. 4にアワビ、ホタテを入れて火が通る程度にさっと炒める。

6. 5をバットにあけて、冷ましておく。

7. 薄力粉とベーキングパウダーを一緒にしてふるう。

8. 3と6、ほぐしたサケ、砂糖、バター、塩を7に入れて軽く混ぜる。

9. 8に溶いた卵黄を入れ練り合わせる。牛乳が入っていないのでまだ固いが、粉っぽさがなくなるまで練る。

Chapitre 3 魚介 | 海の幸のスコーン

9に牛乳を入れて均質な状態になるように練る。

10をボウルから出し、打ち粉(分量外)をして厚さ2cmになるよう、麺棒で延ばす。

11を直径5cmの丸型で抜く。

オーブンシート上に並べ、溶いた卵(分量外)を12の表面に刷毛で塗り、190℃のオーブンで約20分焼く。

仕上げ

その他の材料

クロテッドクリーム … 適量

作り方

1 皿に盛りつけ、クロテッドクリームを添える。

ワンポイント アドバイス	海の幸のスコーン

- 玉ねぎはあらかじめ炒めて辛みを消し、甘みを出させておく。
- アワビやホタテなどを炒めるときは、炒めすぎると固くなってしまうので、軽く火を通す程度がよい。刺身用を選ぶとよい。
- サケはあらかじめ焼いてほぐしておく。
- 全部混ぜた生地は、均質な状態に混ぜるが、決して混ぜすぎないようにする。混ぜてこねすぎると、堅い食感になってしまう。
- 成型するときは、手でまとめるよりは、平らに延ばして、抜型で抜いたほうがきれいにまとまる。
- サケをサクラマス、ホッケ、マコガレイなどに置き換えれば、個性的なスコーンを作ることができる。

スコーンの話

よく「イギリスにはおいしいものがない」などといわれますが、そんなことはありません。確かに、対岸のフランスに比べれば、敵わないかもしれませんが、それはあちらが少しばかりおいしすぎるがゆえのことです。

例えば、ローストビーフは絶品ですし、フランスの白ワインのシャブリを借りて口に運ぶカキもたまりません。そして、お菓子の世界でも世界に知れた銘菓があります。個人的に筆者は、スコーンにいつも心惹かれています。

この国のものにはスコットランドにルーツを持つものが少なくありませんが、このスコーンも同様にスコットランドに古くから伝わるもののひとつです。そもそもは粗挽きした大麦粉を使って焼いた"バノックbannock"と呼ばれる古いお菓子の流れをくむものといわれています。

初めの頃は薄く堅いビスケットの一種でしたが、重炭酸ナトリウムを使ってふくらませ、バターやミルクを混ぜて、さらに挽き割り小麦を使用しだすと、ふっくらとして食べやすくなり、いつの間にかすっかりお菓子らしくなっていました。

現在では種類も豊かになり、定番のレーズン入りの他に、さまざまなフルーツやはちみつ、ポテト、ココナッツ、チョコレート入りやコーヒー風味など、いろいろとバラエティに富んだスコーンが楽しまれています。

スコーンには、クロテッドクリームがよく合います。これもイギリス発のものですが、バターと生クリームの中間のような乳製品で、イギリスでもこのコンビネーションは外さず楽しまれています。

Chapitre 4

穀物

céréale

とうもろこしムースの
アシエット

ムースを作るときは、メレンゲと他の生クリームを合わせるものや、
アングレーズソースと生クリームを合わせるなど、いくつかのタイプがあります。
"コーンクリームスープはアングレーズソースのようだ"と
いう発想から生まれたのがこのデザート。
コーンクリームそのものを楽しんでもらいたいと、
とうもろこしのザラザラ感も味わえるようにしました。

Chapitre 4 穀物 | とうもろこしムースのアシエット

{ 材料 直径7.5cmの型×5個分 }

とうもろこしミルク

材料

水…400㎖
砂糖…120g
牛乳…300㎖
とうもろこし…1本

作り方

1　鍋に水と砂糖を入れる。沸騰したら皮をむきヒゲのついた状態のとうもろこしを入れて、約15分ゆでる。

2　1のヒゲを取り、実を取り外す。

3　2と半量の牛乳150㎖をミキサーかける。

4　3に残りの牛乳150㎖を入れてミキサーにかける。

5　4をふるいで漉す。

とうもろこしのムース

材料

粉ゼラチン…8g
水…40㎖
卵黄…2個(40g)
砂糖…50g
とうもろこしミルク…200㎖
生クリーム…200㎖

※「とうもろこしミルク」の材料も含む。

準備

A 粉ゼラチンを水でふやかし、湯煎で溶かす。

作り方

1　卵黄と砂糖をボウルに入れてすり合わせる。

2　とうもろこしミルク200㎖を鍋に入れ、火にかけて沸騰させる。

3　2を1に注ぎ入れて混ぜる。

4　3を鍋に戻して再び火にかける。

4をとろみがつくまで混ぜたら、火からおろして、Aのゼラチン液を加える。

5を漉し器で漉しボウルに入れる。

6のボウルを氷水で冷やしながら混ぜる。

ハンドミキサーで生クリームを7分立てにする。

7に8を入れてよく混ぜる。

丸口金のついた絞り袋に9を入れ、型に流して冷蔵庫で2時間くらい冷やし固める。

仕上げ

材料

とうもろこしミルク … 180㎖
水飴 … 20g
セルフイユ … 適量

作り方

とうもろこしのムースを型から外す。ムースの先にフォークを刺し、型を温めた湯につけるときれいに取り出せる。

とうもろこしミルクに水飴を入れ、湯煎しながらしっかり混ぜ水飴を溶かす。

2を氷水で冷やしてとろみをつける。

1を器に盛りつけて、3を流し、セルフイユを飾る。

Chapitre 4 穀物 | とうもろこしムースのアシエット

| ワンポイント
アドバイス | とうもろこしムースのアシエット |

- ◆ とうもろこしをヒゲがついたままゆでると、とうもろこしの色が鮮やかに残る。
- ◆ 粉ゼラチンは十分に水を吸わせてふやかし、その後、湯煎にかけて溶かす。水の吸わせ方が不十分だと、ぶつぶつが残ることがある。
- ◆ ムースを作る過程で、卵黄入りとうもろこしミルクを再び火にかけるときは、中火で鍋底が焦げつかないように、ゴムベラで鍋底をこすりながら、とろみをつける。

ムースの話

　フランス語で気泡とか苔の意味で、お菓子作りでは前者をとります。いずれにしろ泡のように軽く苔のように柔らかいお菓子を指します。

　現代は飽食を通り越して、過食の時代。より軽く口当たりよく、胃に負担をかけないものがいい。そうした要望を満たしてくれるのが、"ムース" と呼ばれるお菓子の一群です。気泡をたくさん含んだケーキ類で、これならいっぱいのはずのお腹も、さらに1つや2つおさまってしまいます。

　実はこのムース状のお菓子、18世紀末から19世紀にかけて活躍した、お菓子の神様とも称されるアントナン・カレームの残した手引書にも登場しています。そんな昔になぜと思うかもしれませんが、彼がターゲットとしていたのは、庶民ではなく王侯貴族でした。

「余は、お腹がいっぱいじゃ」
「私はもう入らないわ」

という人たちに、「では、かようなものを」と供していたのが、こうした軽くて口当たりのよいお菓子の一群だったのでしょう。

　また、アシエットは、お皿という意味のフランス語で、いわゆる皿盛りデザートのことをいいます。テイクアウト用ではなく、その場でお召しあがりいただく、ちょっとおしゃれに飾ったデザートのことを指します。

スイート・グラタン・ドーフィノア

もともとステーキの付け合わせにある
グラタン・ドーフィノア。いわゆるポテトグラタンで、
フランスの国民食とも言えるほどポピュラーな料理です。
ここでは、甘いスイーツ仕立てにしてみました。

{材料 32㎝×20㎝のグラタン皿1枚}

スイート・グラタン・ドーフィノア

材料

じゃがいも…500g
生クリーム…180㎖
牛乳…60㎖
砂糖…60g
全卵…2個
クルミ…60g

オレンジピール…60g
グリュイエールチーズ…50g

その他の材料
型塗り用のバター…適量

作り方

1 グラタン皿にクリーム状にしたバターを塗る。

2 クルミはオーブンで軽く焼き、荒刻みする。

3 全卵と砂糖をボウルに入れて混ぜる。

4 3に牛乳と生クリームを入れて混ぜる。

5 4を裏ごしする。

6 じゃがいもは皮をむきスライサーで薄切りにし、ボールに入れる。でんぷん質を残したいので、水にはさらさない。

7 6に5を入れて軽く合わせる。

8 グラタン皿に7のじゃがいもを並べる。

9 8のじゃがいもの上に荒刻みしたオレンジピールを散らす。

9の上に2のクルミを散らす。

8〜11の作業を材料分、3〜4回繰り返す。

11の上面にグリュイエールチーズをまぶす。

150℃のオーブンで約1時間焼く。

焼き上がったらそのまま提供する。

| ワンポイント アドバイス | **スイート・グラタン・ドーフィノア** |

- 型塗り用のバターは完全に溶かさず、クリーム状にとどめておいたほうが型によくつき、焼成後の型離れがよい。
- クルミとオレンジピールは、荒刻みにとどめておく。あまり細かく刻むと存在感がなくなる。
- スライスしたじゃがいもは、水にさらすとでんぷん質がなくなるので、ねっとりした食感が損なわれる。
- グラタン皿にフィリングをつめるとき、数回にわけたほうが、フィリングがひと固まりにならない。

じゃがいもとお菓子の話

　じゃがいもとお菓子の関わりを見てみると、お菓子の分野への直接的な参加は目につきにくいですが、間接的な参加となるとなかなか深いものがあります。すなわちじゃがいもは、デンプン原料としても重要な素材であるということなのです。よってこれはお菓子の分野のみならず、食品全般にわたって大きな貢献を果たしている野菜であると言えましょう。

　また、じゃがいもの名を付したお菓子は、世界各地で作られています。例えば、フランス菓子の"ポンム・ド・テール"、ドイツ菓子の"カルトッフェル"、ともに、じゃがいもの意味を持つ生菓子の定番商品です。

　お菓子作りでは、例えばスポンジケーキなどの断ち落としが出ます。その場合、そのまま捨てるのは忍びないし、第一もったいない。そこで、それらを集め、シロップ、洋酒、フルーツなどを混ぜて新しい生地にリフォームして、小ぶりのおにぎり大にまとめ、これをマジパンで包みココアをまぶす。表面に何カ所か穴をあけて、細切りのアーモンドを差し込んで芽に見立てる。まさしくじゃがいもの形のお菓子ができあがります。

　さて、ここではそうしたものではなく、じゃがいもを使って、甘味仕立てで作ってみました。欧米では、まず手掛けられない手法ですが、できあがってみるとなかなかのものとなります。

　ちなみにドーフィノワとは、フランスの"ドーフィネ地方の"という意味で、この地方はクルミの産地として知られています。よって、クルミを使う料理やお菓子には、よくこの言葉が使われます。

米粉のオムレツケーキ

小麦粉アレルギーの方にも喜んでいただける
グルテンフリーなスイーツをと考え、
米粉を用いてオムレツケーキを作りました。
米粉の特徴を生かした、ふんわりしっとりした生地に
はさんだクリームは塩キャラメル風味。好みに応じてチョコレート風味、
コーヒー味、抹茶など、多様にアレンジすることもできます。

Chapitre 4 穀物 ｜ 米粉のオムレツケーキ

{材料 径12cm×5個分}

米粉のスポンジ生地

材料

卵黄…2個（40g）
卵白…2個（60g）
砂糖…50g
バニラオイル…少量
米粉…50g

作り方

1
ボウルに卵白と砂糖を入れて十分泡立て、しっかりしたメレンゲを作る。

2
卵黄をよく溶いてから、バニラオイルと1のメレンゲの4分の1量を入れてよく混ぜる。

3
ふるった米粉を混ぜる。

4
1の残りのメレンゲを混ぜる。

5
4を直径8mmの丸口金をつけた絞り袋に入れ、ベーキングシートの上に直径12cmの大きさの丸になるように渦巻き状に絞る。これを5枚分作る。

6
180℃のオーブンで10分焼き焼きあがったら、冷ましておく。

7
ラップにくるんでおくとそのまま置いておくよりも乾燥しないので、生地をやわらかい状態にできる。

塩キャラメルクリーム

材料

砂糖 … 50g
生クリーム … 60㎖
バター … 10g
生クリーム … 120㎖
砂糖 … 10g
塩 … ひとつまみ

作り方

1 鍋に砂糖50gを入れて火にかけ、きつね色になるまで煮詰める。

2 別の鍋で生クリーム60㎖とバターを熱しておく。

3 1に2を入れて混ぜたら、ボウルに移し替えて冷蔵庫で冷ましておく。

4 ボウルに生クリーム120㎖、砂糖10g、塩を入れ、十分泡立てる。

5 4に3を混ぜる。

フランボワーズのジュレ

材料

粉ゼラチン…2g
水…10㎖
フランボワーズのピュレ…40g

準備

A 粉ゼラチンを水でふやかし、湯煎で溶かす。

作り方

1 フランボワーズのピュレに**A**を混ぜ、冷蔵庫で冷やし、固まる直前の状態にする。この分量ならば、冷やす目安は約20分。

仕上げ

材料

粉糖…適量

1 スポンジ生地をベーキングシートからはがし、焼き目側の半分の面に塩キャラメルクリームを絞って、2つに折る。冷蔵庫で冷やし固める。

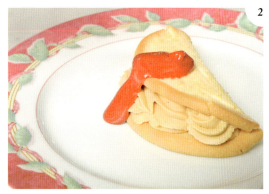

2 冷やし固まった**1**の上に固まりかけのフランボワーズのジュレをかけ、トマトケチャップに見立てる。仕上げに粉糖をふる。

ワンポイント
アドバイス

米粉のオムレツケーキ

- ◆ メレンゲを作るときはしっかり泡立てる。
- ◆ はじめに4分の1量のメレンゲを混ぜると、気泡をあまり消すことなく、ふんわり仕上がる。
- ◆ 生地を絞り袋に入れて絞ると、気泡を消すことなく、生地をテンパンに移せる。
- ◆ 塩キャラメルクリームを作る過程で、砂糖を焦がすときは、同時進行で生クリームとバターを熱する。2つの温度差がありすぎると、合わせたときに大きく吹きあがり、また固まってしまうことがある。
- ◆ 焼きあがった生地はラップにくるむ。蒸された状態になることで、生地の柔らかさを得られるので、仕上げで2つに折るとき、折りやすくなる。
- ◆ 塩キャラメルクリームを作る工程で、クリームにキャラメルを混ぜるときは、キャラメルを冷蔵庫でしっかり冷ましてから行う。
- ◆ スポンジ生地は十分冷やした状態で、ケチャップに見立てたジュレをかける。

お米とお菓子の話

　お菓子は世相を映す鏡です。いつの世も、その時代を背景にさまざまなものが求められ、それに応じたものが作られていきます。

　さて、今の世でお菓子を含む食品業界に求められる配慮といえば、アレルギーの問題でしょうか。表示ひとつにも、デリケートな対応が必要とされています。

　ひとロにアレルギーと言っても多岐にわたり、蕎麦、小麦粉、乳製品、豆類といろいろあります。そのためひとつの食品でその全てをクリアするのは至難の業ですが、その一角でも崩すことはできないものかと食品業界全体がさまざまな研究を重ねるなかで、あらためて注目されているのがお米です。

　お米を粉にして小麦粉と同じように使えれば、小麦粉アレルギーの風穴はあけることができるのではないかと、登場したのが米粉です。

　例えば、スポンジケーキを作るとき、小麦粉を米粉に置き換えることができます。クッキーなども同様にできますし、味も十分おいしいうえ、小麦粉にないもっちりとした食感も楽しめます。

ハワイアンバター餅・
パンケーキ風

数年前からブームとなっているパンケーキですが、その発端はハワイでした。
そして、日系ハワイ文化が創り出した郷土料理に、"バター餅"があります。
本来はパウンドケーキ風に作られるのですが、
ここでは、パンケーキ風に仕上げることに。
モチモチした食感の今までにないパンケーキです。

{材料 直径5.5cm×深さ1.5cmのセルクル 1つ20g換算で約9人前（27、28個分）}

バター餅

材料

バター … 80g
餅粉 … 120g
砂糖 … 95g
塩 … ひとつまみ
ベーキングパウダー … 1.5g
卵 … 1個

コンデンスミルク … 90g
ココナッツミルク … 125g

作り方

1 バターを湯煎で溶かし、溶かしバターを作っておく。電子レンジでやってもよい。

2 餅粉、砂糖、ベーキングパウダー、塩を一緒にしてふるいボウルに入れる。

3 別のボウルに卵を入れてよく溶く。

4 コンデンスミルク、溶かしバター、ココナッツミルクを2に入れてよく混ぜる。

5 4に2を3分の2くらい混ぜてよく混ぜる。全部入れるとダマになりやすいし、半分くらいだと少なすぎて混ざりにくくなるので、3分の2くらいがちょうどよい。

6 2の残りを全部入れて、よく混ぜる。

7 湯煎してクリーム状にしたバター（分量外）を、刷毛でセルクルに塗る。

8 テンパンにセルクルを並べる。

9 6を丸口金をつけた絞り袋に入れて、セルクルに流し入れる。180℃のオーブンに入れ、約30分焼く。

焼きあがったら、しばらくそのままおいて冷まし、型から外す。

アイスクリーム

材料

卵黄…3個(60g)
砂糖…60g
水…15g
バニラのさや…2分の1本
生クリーム42%…200g

作り方

1 バニラのさやを裂き、種を取り出す。
2 1を卵黄に加えて泡立てる。
3 砂糖と水を鍋に入れ合わせ混ぜ、115℃まで煮詰める。
4 2に3を加えて常温に戻し、白っぽくなるまで撹拌する。
5 8分立てにした生クリームを、4に軽く混ぜ合わせる。
6 5を冷凍庫で2〜3時間、冷やし固める。

仕上げ

材料

A ┃生クリーム45%…100mℓ
　┃砂糖…10g
パイナップル…適量
※分量外で飾り用の花など

準備

A 生クリームに砂糖を加え泡立て、クレームシャンティーイを作る。

作り方

バター餅を皿に3つ並べ、星口金のついた絞り袋にAのクレームシャンティーイを入れて絞る。

小切りにしたパイナップルと花、アイスクリームを添える。

ワンポイント アドバイス	ハワイアンバター餅・パンケーキ風

- セルクルの内側には、必ずクリーム状にしたバターを塗っておく。パウンド型の場合は、型に合わせて切ったオーブンシートを敷いておく。そのままでは型からはがれにくい。
- 粉類は全部まとめて、ふるいにかける。
- 卵を含む液体類も、卵、コンデンスミルク、溶かしバター、ココナッツミルクの順に混ぜ合わせていけばよい。
- 焼き上がったら、しばらくそのまま静置し、冷めてから型から外す。すぐに外そうとすると、外れにくかったり、型崩れする場合がある。
- アイスクリームがない場合は、加糖し泡立てた生クリームを添えてもよい。

バター餅の話

　常夏の島、ハワイ。今や、あまたあるリゾート地のひとつとされるほどに身近なものとなりましたが、太平洋をはさんだ日本とアメリカ本土のほぼ中間に位置するため、双方から移住してきた人たちも少なくありません。その日本から移住した方たちは、望郷の念を含めてさまざまな葛藤があったことと思います。そして結果、彼らなりの文化を生み育ててきました。ハワイという地にもとよりあるポリネシア文化にアメリカ文化を融合させた、一種独特の日系ハワイ文化が生まれます。ここで取り上げるバター餅も、そのひとつです。

　餅という名がつけられているものの、形状はパウンドケーキ風に作られます。そして、この素材の中に、バターやコンデンスミルク、ベーキングパウダーといったアメリカ文化をドッキングさせ、それをご当地南洋のトロピカルフーズの代表格たるココナッツミルクに溶け込ませて作るのです。3つの文化を含んだこのお菓子には、アメリカ人やハワイ人になろうとしながらも、祖国を捨てきれない、そこはかとないある種の切なさを感じます。

　ここでは、このスイーツに少々アレンジを施して、より日常的なパンケーキ風にしつらえてみました。そして、添えるのはアイスクリームです。「なぜ、アイスクリーム？」と思われるかもしれませんが、実は、かつてハワイ旅行が夢だった時代、ハワイ土産の定番と言えばアイスクリームだったのです。事実おいしいことも確かでしたが、それにもまして夏の国からの冷たいお土産ということの落差が受けたのか、訪れた誰もが「ハワイのアイスクリーム」を競って求めました。そして、いただいた人もそのひと口に、遥けき夢の世界を思い描いたものでした。そうした先人たちの想いを、一皿に込めたスイーツです。

きな粉バヴァロワの
くずきり添え

刻みアーモンドの粉末の代わりに大豆の粉末"きな粉"を使って、
合わせるのはカラメルソースではなく黒蜜、そしてくずきり。
和の素材にはやはり和の素材が合うものだと、
食して納得の"和のハーモニー"は、
世代を問わず好まれるやさしい甘味です。

〔材料 直径7cm×4個分〕

大豆の下ごしらえ

材料

大豆…100g
水…適量
砂糖…50g
水…70㎖

作り方

1 大豆の下ごしらえをする。大豆を水洗いし、たっぷりの水に半日つけておく。

2 水を取り替え、差し水をして灰汁をとりながら（3〜4回）、やわらかくなるまで弱火で煮る。口に含んで芯まで柔らかくなっていたらザルにあげる。

3 砂糖30gに水70㎖を加えて火にかけ、沸騰したら火を止め、水切りをした大豆を加えて一晩漬け込む。漬け込んでいたシロップに砂糖20gを加えて沸騰させ、その中に再び大豆を入れて漬け込む。

大豆のきな粉

材料

大豆……100g

作り方

1 豆をフライパンで、大豆の皮がはじけるくらいまで炒る。ボウルにあけて冷ます。

2 1が冷めたらフードプロセッサーにかけて、細かい粉末状にする。

きな粉バヴァロワ

材料

粉ゼラチン … 4g
水 … 20㎖
牛乳 … 125㎖
砂糖 … 30g
卵黄 … 1個（20g）
きな粉 … 10g

生クリーム … 125㎖

準備

A 粉ゼラチンを水でふやかし、湯煎で溶かす。
B 鍋に牛乳を入れて沸騰させる。

作り方

1 ボウルに卵黄、砂糖を入れて混ぜる。

2 1にきな粉を入れて混ぜる。

3 Bの牛乳を少量ずつ入れてよく混ぜる。

4 残りの牛乳を全て入れて混ぜたら、鍋に戻して火にかけ、とろみをつける。

5 とろみがついたら4を火からおろし、Aのゼラチン液を加えて混ぜる。

6 漉し器を通してボウルに入れ、底を冷水につけて冷ます。

7 生クリームを6分立てにする。

8 6に7の生クリームを入れて混ぜる。

9 8を冷蔵庫で2時間くらい冷やし固める。急ぐときは冷凍庫でもよい。

黒蜜

材料

黒砂糖 … 200g
水 … 30㎖

鍋に黒砂糖と水を入れて火にかける。

沸騰したら火からおろし、鍋の底を冷水につけて冷やす。

仕上げ

材料

くずきり … 適量
ミントの葉 … 適量

作り方

沸騰した湯にくずきりを入れ、芯がなくなるまでゆでたらザルに上げ、水にさらして冷やし、水気をきる。

冷え固まったバヴァロワを型から出すときは、お湯に一瞬つけるときれいに出せる。

きな粉バヴァロワを皿に盛りつけ、まわりにくずきりを盛る。

黒蜜をくずきりの上からたっぷり流す。

くずきりの上にシロップ漬けにした大豆を散らす。加糖し泡立てた生クリーム（分量外）を絞りミントの葉を飾る。

ワンポイント アドバイス	きな粉バヴァロワのくずきり添え

- 大豆をシロップに漬け込むときは、一度に濃いシロップに漬けると浸透圧の関係で豆がしなびてしまうので、初めに糖度の低いシロップに漬け、1日おいてから砂糖を足した濃いシロップに漬ける。こうすると、豆がしなびない。
- きな粉を作るとき、少量であればフライパンで十分だが、量が多い場合はオーブンで焼成する。
- バヴァロワを作るとき、粉ゼラチンはよく溶かさないと粒粒が残り、触感を損ねる。
- 生クリームはあまり泡立てすぎない。泡立てすぎると、卵黄ダネと混ざりにくくなる。
- くずきりは芯がなくなるまでしっかり茹でるが、決して茹ですぎないようにする。

大豆とお菓子の話

以前、料理番組「キューピー3分クッキング」のレギュラーを6年間務めさせていただいたことがあります。演じること自体はさして苦にもならず、むしろ楽しませていただいたのですが、毎週1回で何年もとなると、それなりのエネルギーを使うもので、特に気をつかうのがメニュー選びでした。

手の込んだものであれば何とでもなるのですが、何しろ演じられる時間は正味6分ほど。メニューの落とし込みに悩んでいたとき、少々、玄人好みですが、素材を変えてプラリネ（焦がしたアーモンドと砂糖のペーストまたはその粉末）風味で作ってみようと思い立ったことがありました。

けれども、プラリネの説明から入ると時間が足りませんし、第一、一般家庭では作るのが難しい。何か別のものに置き換えられないかと考えたとき、ヨーロッパではアーモンドでも日本は大豆の文化、刻みアーモンドがなければ大豆の粉末、すなわち「きな粉」はどうかと思いついたのです。

大豆ならば、材料の説明をする必要もないし、入手も簡単です。こうして、「きな粉バヴァロワ」のアイデアが浮かびました。ところが実際に作ってみると何か物足りないのです。ならば洋風のカラメルソースならぬ黒蜜を流してみるか……と黒蜜を流してみたら、なんとなく「くずきり」も欲しくなり、こうしてついに「きな粉バヴァロワのくずきり添え」にたどりつきました。ちょっと長い名前になってしまいましたが、ここにたどりつくまでに、こんなエピソードがあったのです。

Chapitre 5

食材

alimentaires

赤味噌の
パルフェ・グラッセ

お味噌の風味が芳しい、赤味噌を素材にした氷菓です。
添えたテュイールという名の薄焼きクッキーも、
小麦粉ではなくお米で作ってみました。和風のデザートらしく、
和の食材の美味を堪能できる一品です。

{材料 直径7.5cm×高さ3cm×6個分}

赤味噌のパルフェ・グラッセ

材料

粉ゼラチン…2g
水…10㎖
卵黄…5個（100g）
砂糖…100g
赤味噌…5g
生クリーム…200㎖

クルミ…40g

準備

A 粉ゼラチンを水でふやかし、湯煎で溶かす。

作り方

1 クルミは170℃のオーブンで約10分焼いてしっかり火を通してから細かく刻む。

2 卵黄と砂糖をハンドミキサーで泡立てる。

3 2を湯煎しながら、白っぽくなるまでさらに泡立てる。

4 ボウルに赤味噌と生クリームを少量入れて練ってから、残りの生クリームを少しずつ入れて溶き混ぜ、7分に泡立てる。

5 3にAのゼラチン液を混ぜる。

6 5に4を半分くらい入れてよく混ぜる。

7 残りの4を入れて混ぜ合わせる。

8 7に1のクルミを入れ、クルミが全体に均等にまじるようによく混ぜる。

9 丸口金をつけた絞り袋に8を入れて、ラップを敷いたセルクルに6等分に入れる。

茶巾絞りにし、冷凍庫で4、5時間冷やし固める。

お米のテュイール

材料

ご飯 … 60g
粉糖 … 15g
バター … 15g
卵白 … 15g

作り方

炊いたご飯を目の粗い漉し器で裏ごしする。

1を裏ごしした状態。

2にバターを入れてよく練る。

粉糖を加えてよく練る。

卵白を3〜4回に分けて入れ、よく練る。

よく練った状態。

7

テンパンの上にオーブンシートを敷き、その上に6の生地をのせ、スプーンの背に水をつけのせる。

8

さらに手に水をつけて、7を直径7cmほどに薄く延ばしていく。

9

170℃のオーブンで約18分焼く。写真は焼き上がったところ。

クレームシャンティーイ

材料

生クリーム … 100㎖
砂糖 … 10g
バニラエッセンス … 少々

作り方

1

砂糖、生クリーム、バニラエッセンスを混ぜて、泡立てる。

仕上げ

材料

粉糖 … 少々
フランボワーズ … 適量
ローズマリー … 適量
クレームシャンティーイ … 適量

作り方

1

冷凍庫から固まったパルフェ・グラッセを取り出す。

2

ラップをとって器に盛る。

3

星口金のついた絞り袋にクレームシャンティーイを入れ、2の上に絞る。

4

お米のテュイールを斜めに乗せる。

5

フランボワーズとローズマリーを飾る。仕上げに上から軽く粉糖をふる。

ワンポイント アドバイス	赤味噌のパルフェ・グラッセ

- 卵黄と砂糖は、湯煎にかけながら泡立てると、砂糖がよく溶ける。ただし湯煎にかけすぎると熱が通りすぎて、卵黄が煮固まってしまうので注意する。
- 卵黄ダネは、よく冷ましてから生クリームと合わせる。
- ラップに包んだら、よく冷やし固めてからラップを外す。
- お米のテュイールは、ご飯をむらなく粉糖で錬る。
- テュイールを延ばすとき、スプーンの背に水をつけながら行わないとくっついて延ばしにくい。

パルフェ・グラッセと味噌とお菓子

　近年、発酵食品が注目を集めていますが、ヨーロッパの人たちは昔から、こうしたものをチーズ類に託して摂ってきました。さかのぼれば古代ギリシャ時代のはるか以前からともいわれています。そもそもは、遊牧民たちが水筒代わりに使っていた羊や山羊の胃袋に動物の乳を入れ、いざ飲もうとしたら中で固まっていたのが、チーズの始まりだとされています。

　対する日本では、まったく別の形で発酵食品のもたらす効果の恩恵を受けていました。例をあげるなら、植物性の乳酸発酵で作られるお漬物です。さらには、しょうゆや味噌も同じ類の食品ですし、日本酒造りにおける米麹やもろみなども、同様とみることができます。動物性食品から離れても、チーズなどと同じ効果をちゃんと見つけ出していた日本人の知恵というのは本当にすごいと思います。

　さて、発酵食品のひとつである味噌を使ってお菓子作りに挑戦するにあたり、パルフェ・グラッセという手法を選んでみました。パルフェは英語でいうパーフェクトで、"完全な"という意味のフランス語です。そしてこの語をつけたスイーツは、英語圏ではフランス語をそのまま流用して英語読みにし、"パフェ"と呼んでいます。

　また、グラッセとは"凍らせた"という意味のフランス語です。作り方としては、卵黄と砂糖を混ぜて攪拌し、泡立てた生クリームと合わせます。そして、これを冷凍庫に入れて凍結させると、一種のアイスクリームができあがります。無数の気泡を含んでいるので、冷凍庫から出したてでも、スプーンやフォークがすっと入ります。

　なお今回添えてみたテュイールという名の薄焼きクッキーも、せっかくだから和テイストでそろえようと、お米で作ってみました。あわせて、和の食材の美味をお楽しみいただければと思っています。

餃子deミルフイユ

パイ生地を作るのが面倒なとき、餃子の皮を利用してみてはいかがでしょう。
ミルフイユに似た触感を得ることができますし、
2、3枚重ねるだけでもパイに似た組み立てができます。
違う味のクリームを段重ねしてカラフルなフルーツをあしらい、
きれいなお皿に盛りつければ、餃子の皮がパティスリー・フランセーズに変身します。

{材料 6個分}

生地

材料

バター…50g
餃子の皮…18枚
砂糖…35g

作り方

1 バターを湯煎で溶かし、刷毛で餃子の皮に塗る。

2 1の上に砂糖をつける。

3 オーブンシートを敷いたテンパンに2を並べる。

4 180℃のオーブンで約15分焼く。

5 焼き上がったら、冷ましておく。

クレームシャンティーイ

材料

生クリーム…100mℓ
砂糖…10g
バニラエッセンス…少々

作り方

1 生クリームに砂糖とバニラエッセンスを加えてしっかり泡立てる。

サワークリーム入りクレームシャンティーイ

材料

サワークリーム…90g
クレームシャンティーイ…2分の1量

作り方

1 サワークリームをボウルに入れ、ゴムベラでやわらかくする。
2 1を2回くらいに分けて、クレームシャンティーイとよく混ぜる。

※サワークリームは生クリームを乳酸菌で発酵させたクリーム

カスタードクリーム

材料

砂糖…40g
牛乳…200㎖
卵黄…2個（40g）
薄力粉…20g

作り方

1 鍋に2分の1量の砂糖と牛乳を入れて沸騰させる。

2 ボウルに卵黄、残りの砂糖、ふるった薄力粉を合わせて混ぜる。

3 2に1を少しずつ入れて混ぜる。

4 3を再び鍋に戻して、焦がさないように混ぜながら沸騰させる。

5 とろみがついたら火からおろす。バットに平らに流しラップをして冷蔵庫で冷ます。

仕上げ

材料

パイナップル
(缶詰・スライス)…6枚
粉糖…適量
グロゼイユ(すぐりの実)…適量
セルフィユ…適量
クレームシャンティーイ…2分の1量

作り方

1 カスタードクリームが冷めたらゴムベラですり混ぜやわらかくする。

2 やわらかくなったらクレームシャンティーイを混ぜる。

3 全体がなじむようによく混ぜる。

4 パイナップルを5mm角に切って汁気を切り、3に入れる。

5 全体がなじむようによく混ぜる。

6 5のカスタードクリームを絞り袋に入れて、生地に渦巻き状に絞る。その上にひと口大に切ったパイナップルをのせる。

7 6のパイナップルの上にカスタードクリームを渦巻き状に絞る。

8 7の上に生地をのせる。

9 スプーンでサワークリーム入りクレームシャンティーイをすくい、8にのせる。

10 半分に切った生地を9の上におく。

11 10にグロゼイユとセルフィユを飾り、仕上げに粉糖をふる。

| ワンポイント アドバイス | 餃子deミルフイユ |

◆ 餃子の皮は市販のものでよい。
◆ 餃子の皮が厚いようだったら、手粉を使って麺棒で薄く延ばせばよい。
◆ オーブンで焼かず、熱した油で揚げてもおもしろい。
◆ カスタードクリームを作るときは、熱をよく通してしっかり練る。鍋底が焦げつかないように、ヘラで底をよくこすりながら作業を行う。
◆ サワークリームはやわらかく均質な状態にした後、泡立てた生クリームと合わせる。

※アップフェルシュトゥルーデル … シュトゥルーデルはドイツ語で渦巻きの意味。リンゴを甘酸っぱく煮込んだ具を渦巻き状に巻いたお菓子。それを春巻きの皮でやってみたのですが、餃子の皮でも何かできたいなと思いついたのがこのミルフイユ。

ミルフイユと餃子の皮とお菓子の話

　ポピュラーなフランス菓子のひとつに"ミルフイユ millefeuille"があります。パイ生地と呼ばれるフイユタージュの生地にカスタードクリームを段重ねにしたお菓子で、通常は上面に粉糖を振りかけたり、フォンダンを塗ってチョコレートの線で矢がすり模様にして仕上げます。
　今では日本でもすっかりおなじみとなり、これを好む方もたくさんおられます。ちなみに"ミルmille"とは「千」、"フイユ feuille"とは「葉」の意味で、つまり、ミルフイユには「千枚の葉っぱ」という意味があります。まるで落ち葉が重なったようなお菓子だということで、名付けられました。
　しかしながら、日本ではこれがミルフィーユと発音されています。"フィーユ fille"はフランス語で「女の子」の意味ですから、これでは「千人のお嬢さん」となってしまいます。ですから、あくまでもその名は"ミルフイユ"でなければ、意味をなさなくなってしまうのです。

　このお菓子が作られたときはよほど衝撃的だったとみえ、美食家として名高いグリモ・ド・ラ・レイニエールという人は、「天才によって作られ、最も器用な手でこねられたに違いない」と言っています。そして1807年、彼の書いた『食通年鑑』の発行元である食味鑑定委員会のもとに、ミルフイユは鑑定にかけられました。評決は「これをたとえるなら、幾重にも重ねられた葉のようだ」というもので、その名も"ミルフイユ・千枚の葉"とされたというわけです。
　ところで、このパイ生地を作るのはちょっと面倒と言われる方には、ここに取り上げた餃子の皮はいかがでしょう。幾重にも重ねられた千枚の葉のようにはいかなくとも、2～3枚重ねれば、それらしい組み立てができますし、ミルフイユを思わせる食感を得ることもできます。もちろんしっかり折りたたんだ生地のほうが王道ですが、手近にあるものを便利に使うのもアイデアのひとつです。

仙台麩の
サヴァラン・フランコ・ジャポネ

サヴァランとは言わずもがな、発酵生地で作るデザートです。
麩も発酵生地と同じような網目構造で、芳香なシロップを
十分浸みこませることができる食材です。加えて、麩ならではの
独特の食感も味わえるのも面白いところです。
そこでこうした麩を使ってサヴァラン風に……
この意外な取り合わせを、フランスを代表するオレンジリキュールの
グランマルニエが、最高の出会いにまとめてくれました。

{材料　6個分}

仙台麩のサヴァラン

材料

仙台麩 … 40g
水 … 200㎖
砂糖 … 100g
オレンジ果汁 … 80㎖
グランマルニエ（オレンジリキュール）… 15㎖

シナモンスティック … 3分の1本
バニラビーンズ … 2分の1本

準備

A 麩は食べやすいように、あらかじめ小さく切っておく。

作り方

水に砂糖を入れて沸騰させシロップを作る。

火を止めた1に、シナモンスティック、バニラビーンズ、オレンジ果汁、グランマルニエを入れよく混ぜる。

2が熱いうちに仙台麩を入れ、そのままおき、シロップを十分に浸みこませる。

カスタードクリーム

材料

牛乳 … 400㎖
卵黄 … 4個（80g）
砂糖 … 150g
薄力粉 … 20g
コーンスターチ … 10g
グランマルニエ（オレンジリキュール）… 20㎖

作り方

鍋に牛乳と2分の1量の砂糖を入れて火にかける。

ボウルに卵黄、2分の1量の砂糖、薄力粉、コーンスターチを入れて混ぜる。2に少量の1を入れると混ぜやすい。

2を1の鍋に混ぜて火にかけ、とろみをつける。

鍋の真ん中がグツグツと泡が立ってきたら、火からおろす。

ボウルに移し替え粗熱がとれたらグランマルニエを入れ混ぜる。

ボウルにラップをし、氷水で冷ます。

仕上げ

材料

生クリーム…80g
砂糖…10g
オレンジ…1個
バジル…適量

作り方

飾り用のクレームシャンティーイを作る。生クリームに砂糖を加えて8分立てに泡立てる。

仙台麩サヴァランを食べやすい大きさに切って、再びシロップに戻す。

器の3分の1くらいの高さを目安に、仙台麩サヴァランを入れる。

丸口金のついた絞り袋にカスタードクリームを入れ、3のサヴァランの上に絞る。

3と4と同様に、仙台麩サヴァラン→カスタードクリームの順に重ねる。2度目のカスタードクリームは少量でよい。

丸口金のついた絞り袋にクレームシャンティーイを入れ、5の一番上に絞る。

薄皮をむいたオレンジを飾り、シロップをかけ、仕上げにバジルを飾る。

仙台麩のサヴァラン・フランコ・ジャポネ

ワンポイントアドバイス

- ◆ 麩は食べやすいようにあらかじめ小切りにしておくとよい。
- ◆ 麩には十分シロップをしみこませる。
- ◆ カスタードクリームを作るとき、沸騰した牛乳は少しずつ加えて混ぜる。一気に入れると卵黄が煮固まってブツブツの状態になってしまう。
- ◆ グランマルニエは、クリームの粗熱がとれてから加える。熱いうちに加えると、アルコールが蒸発してしまう。
- ◆ 仙台麩には油分があるので、さっぱり感がありオレンジとも相性のよいバジルを仕上げに選んだが、ミントに変えてもよい。

サヴァランの話

　ブリヤ・サヴァラン（1755〜1826）は、18世紀から19世紀にかけてその名を馳せた、フランスの希代の美食家です。彼の本業は司法官にして有能な政治家ですが、名著として誉れ高い『味覚の生理学』（※『美味礼賛』とも訳されている）の著者としてあまねく知れ渡っています。
　「何を食べているか言ってごらん。君がどんな人か当ててみよう」などと記したりする歯に衣を着せぬ筆致も心地よいですが、食へのこだわりのすさまじさに圧倒されてしまいます。その記述は、主食、デザートを問わず、食べ方はもちろんのこと、あらゆる範囲に渡っています。例えばあるひとつの食べ物について、その産地から成分、化学、調理の仕方、味覚、臭覚、食欲、食感、消化、摂取して後の効能と微に入り細をうがち、さらにはそうした食卓の快楽、眠り、夢、肥満、やせ過ぎ、断食、消耗、ついには死に至るまで、もれなく述べています。
　ところで、彼の名、ブリヤ・サヴァランの名を戴いた菓子があります。イースト菌の働きを利用して発酵させた生地に、通常はラム入りのシロップをたっぷり浸した素晴らしい芳香と口当たりの、いわゆる大人のアントルメです。これがどのようにして作られたかというと、ポーランドの王様で後にナンシーの領主となったスタニスラス・レクチンスキー付きのシェフ・シュヴリオが、クグロフというお菓子の新しい食べ方を思いつきました。それは、クグロフにラムを振りかけフランベするというやり方です。スタニスラス王はたいそう気にいり、このアントルメに愛読書『千夜一夜物語』の中の主人公アリ・ババの名を与えました。その後、19世紀初め、製菓人・ストールがこれを会得し、パリのモントルイユ通りに店を出して名物にしました。1840年、ボルドーのフリブールという街で同じタイプのものが作られ、同じ頃、パリの製菓人・ジュリアンが、生地に干しぶどうを入れない別の形のアントルメを作り、浸すシロップに改良を加え、当代一の美食家の名をとって、ブリヤ・サヴァランと名付けました。

和牛とクルミのキャラメルタルト

"クルミの食感と苦みは、牛肉との相性がよい"
とのひらめきから生まれた、和牛を使ったスイーツ。
フランス料理でも、カモ肉をオレンジで、
また、鹿肉をベリーで煮込むように、
甘い味は牛肉によく合うことをヒントに、
キャラメルでまとめてみました。

{材料 15cm×1台分}

パート・シュクレ（ビスケット生地）

材料

薄力粉 … 50g
バター … 30g
粉糖 … 12g
卵 … 10g

作り方

1. 室温に戻したバターをすり混ぜる。

2. 1に粉糖を加えて混ぜ合わせる。

3. 2に卵を加えて混ぜ合わせる。

4. 3にふるった薄力粉を加えて混ぜ合わせる。

5. 4をまとめてラップに包み、冷蔵庫で2時間ほど休ませる。休ませることでグルテンの働きを抑えられ、焼き上がったときに生地が縮んで固くなるのを防ぐことができる。

6. 5に打ち粉（分量外）をして軽くもんで均質にする。

7. 6を麺棒で厚さ3mmに延ばす。

8. 7をタルト型に敷く。

9. タルト型から、はみ出た生地をカットする。その際、斜めにカットする。型の高さに合わせて真横にカットすると、焼き上がったときに型よりも生地が低くなってしまう。

生地の底にフォークで空気穴をあける。

10の上に紙を置いて重石をのせ、180℃のオーブンで10分ほど焼く。半焼きした状態になる。

オーブンから一度出し、重石と紙を外す。再び10分ほど焼いて、焼き色をつける。

和牛とクルミのキャラメル

材料

和牛肉 … 100g
バター … 10g
クルミ … 150g
砂糖 … 120g
生クリーム … 120㎖
水飴 … 20g

作り方

クルミを170℃のオーブンで10分ほど焼く。

クルミを焼いている間に、牛肉をバターで焼き、火を通しておく。

キッチンペーパーで2の余分な油をとる。

1を粗く切る。食べるとき、クルミの食感を味わえるようにしたいので、あまり細かくは切らない。

3を1cm角ほどに切る。クルミより少し小さくするのが目安。

生クリームと水飴を鍋に入れ、火にかける。

6とは別の鍋に、砂糖と水を入れ火にかけ、キャラメルを作る。

Chapitre 5 食材 | 和牛とクルミのキャラメルタルト

6と7を同時進行で行う。グツグツと泡が立つくらいまで沸騰させる。写真は6が沸騰し始めたところ。

写真は7がグツグツと沸騰したところ。

9がキャラメル状になったら、沸騰した8を入れ混ぜる。

10に4のクルミを入れる。

11に5の牛肉を入れる。

12を混ぜ合わせてフィリング（具）を作る。

仕上げ

材料

ピスタチオ … 半割6枚
粉糖 … 適量

作り方

焼けたタルト生地に、フィリングを盛るようにのせる。

ピスタチオを飾る。

回りに粉糖をふりかける。

ワンポイント アドバイス	和牛とクルミのキャラメルタルト

- パート・シュクレ（ビスケット生地）を作るとき、生地は混ぜすぎない。混ぜすぎると、堅い食感になってしまう。
- 紙と重石をのせて生地の浮きを抑えて半焼きにしたら、紙と重石を取り除き色づくまで焼く。
- 和牛肉は1cm角ほどの小ささだと、仕上がったときに食べやすいし、食感も楽しめる。
- キャラメルを作るときは、糖液と生クリームの煮沸を同時進行で行う。冷たい状態のものをキャラメルに入れると固まってしまうので、必ず沸騰状態にして混ぜる。

和牛とお菓子の話

　和牛を使ってにお菓子に仕立てようなどとは、まず思いつくことはないでしょう。けれど当初、3.11で被災した東北に対する"応援菓"に仕立てたいとの思いから、岩手和牛を使ってお菓子を作ってみようと考えたのです。スタッフともども頭を悩ませたのですが、そのうちの一人、本書の共同執筆者でもある中西昭生君が、まずアイデアを出してくれました。

　もともと料理人としてスタートした彼は、まったりとした霜降り牛の食感に、コリコリとしたクルミのテイストをイメージの中で重ね合わせたのです。

　料理人の持つ感性と、これまで積み重ねてきた多くの引出しの中に、それらを結びつけるある種のヒントを見つけた……というわけです。それは、一片のチーズにクルミを添えて食べる食感といったら、お分かりいただけるでしょうか。

　できあがったスイーツは、確かにサプライズな美味でした。ところが、口に入れるときは確かにお菓子でも、飲みこむ瞬間に、スイーツではなく"料理"になってしまうのです。このあたりが難しいところで、再度、仕切り直しとなりました。

　お菓子作りにはさまざまなやり方がありますが、ほとんどは素材の良さをどう生かすか、引き出すかから入ります。けれども、その逆があってもいいのではないかと考え、素材の持ち味をどう封じ込めるかに手を尽くしてみることにしました。

　こうしてできあがったのが、ここにご提案する"和牛とクルミのキャラメルタルト"です。肉をキャラメル味で包んでしまうことで、飲みこむ瞬間までお菓子でいられます。つまり、素材の特徴を抑え込んだ結果、逆にそのよさが、そこはかとなく生きてきたのです。

ツーンとくるわさびのムース
りんごのコンポート添え

わさびと牛乳仕立てのムース。この組み合わせも意外かもしれませんが、
例えば、わさび味のソフトクリームがあるように、
乳製品との相性がよいのです。そして、口当たりのよいムースに添えるのは、
バターのうまみと果実の甘さがほどよくマッチした、りんごのコンポート。
ほんの数滴、醤油をたらしていただくのも、おすすめです。

{材料 0個分}

わさびのムース

材料

すりおろしわさび
（または練りわさび）…10g
砂糖…35g
牛乳…110㎖
粉ゼラチン…4g
水…20㎖

生クリーム…110㎖
ブランデー…10㎖

準備

A 粉ゼラチンを水でふやかし、湯煎で溶かす。

作り方

1 ボウルにわさびと砂糖を入れてよく混ぜる。

2 鍋で温めた牛乳を、1と混ぜる。

3 2を鍋に移して沸騰させる。

4 火からおろしたら、Aのゼラチン液を入れて混ぜる。

5 4にブランデーを入れる。

6 5を氷水でとろみがつくまで冷ます。

7 生クリームを7分に泡立てる。

8 6に7を入れて混ぜる。

9 8を容器に流し入れ、冷凍庫で約1時間冷やし固める。

はちみつスープ

材料

レモン表皮…1個分
レモン果汁…1個分
水…500㎖
はちみつ…100㎖

作り方

1. 全部の材料（レモン表皮、レモン果汁、水、はちみつ）を鍋に入れて混ぜ、火にかける。

2. 材料が混ざり溶けて沸騰したら鍋からおろし、ボウルを氷水で冷ます。

りんごのコンポート

材料

りんご…2分の1個
砂糖…10g
バター…5g

作り方

1. フライパンにバターを入れ、溶けだしたら、皮をむいて5㎜角に切ったりんごを入れ、火を通す。

2. 1に砂糖を加える。りんご自身の水分が出て、その水分が温まることによって火が通るので炒めるわけではない。透き通ったら火が通っているので、火からおろす。

3. バットに移し替えて平らな状態にし、冷蔵庫に入れて冷ます。

仕上げ

材料

加糖して泡立てた生クリーム…適量
ミントの葉…適量

作り方

1. 冷やし固まったわさびのムースを型から外す。

スープ皿の中央にわさびのムースを盛りつける。ムースの上にスプーンで、加糖し泡立てた生クリームを盛りつける。

2の上にりんごのコンポートを盛りつける。ミントの葉を飾り、最後にはちみつスープを流し入れる。

ワンポイントアドバイス

ツーンとくるわさびのムース　りんごのコンポート添え

- ◆ わさびダネは十分に熱をとり、冷ましてから生クリームと合わせる。熱いうちに混ぜると状態を損ねてしまうので注意する。
- ◆ はちみつスープは、作った後、しっかりと冷ましておく。
- ◆ りんごは、火を通しておくと仕上がった後でも変色しないし、バターと砂糖の味が十分浸みこむ。
- ◆ りんごのコンポートを作るとき、りんごを焼く（ソテー）のではなく、りんごの水分で火を通す（シュエ）。

わさびとお菓子の話

　以前、縁あってCBC（中部日本放送）系の「キューピー3分クッキング」で6年間、毎週土曜日のレギュラーを務めさせていただきました。たとえ週一回にせよ何年も続けていると、やりやすいものはあらかた先にやってしまいます。手が込んでかまわないならばどんなものでもできますが、正味約6分半という限られた放送時間では、例えば生地が2種類でクリームも別のものをなんていうと、見ている方が分からなくなってしまいます。そこで、仕掛ける方はいろいろと悩むのですが、その悩みの先に思いもよらぬすばらしい発見が待っています。ここに取り上げさせていただいたお菓子がまさにそれです。
　夏ならばババロワやゼリー、ムースの類が常套手段だが、それも大方やってしまった。そうだ、和風がいいかもしれない。夏ならさっぱりとわさび風味が面白い……。そんなことで手掛けたのがこのメニューですが、オンエア後の評判も好評で、日本橋三越本店の私どもの売店で期間限定販売をしたところ毎日完売。作り手としてはうれしい限りで、担当バイヤーさんにも喜んでいただけました。
　ところでこのデザートにほんの数滴、醤油をたらしてみてください。するとどうでしょう。口に含んだ瞬間、何と脳裏にまぐろが浮かんでくるのです。ぜひ、そんな秘密のテイストをお試しください。

Chapitre 6

飲料

boisson

福島銘酒のサバイヨン

サバイヨンは白ワインがベースですが、
復興支援の一環として福島県産の日本酒に置き換えたところ、
異質の豊潤な深みを引き出すことができました。
お菓子の組み立てで活躍するのは、桃など福島県産の豊かな果実。
そのコンビネーションがまた"和風のサバイヨン"ならではの
おいしいハーモニーを創り出しています。

{材料 6人分}

フルーツ・コンポート

材料

白桃 … 1個
キウイ、いちご、
きいちご … 好みのフルーツを適量
日本酒 … 360㎖
砂糖 … 80g
レモン … 2分の1個

シナモンスティック … 1本
ミントの葉(仕上げ用) … 適量

作り方

1

器の大きさに合わせてフルーツを切る。今回、キウイは2cm角くらいに切る。

2

いちごは4分の1に切る。

3

きいちごは2分の1に切る。

4

桃の皮をむく。湯に入れ冷水にさらすとむきやすい。

5

鍋に日本酒、砂糖、シナモンスティック、半分に切ったレモンを入れて火にかける。

6

5が沸騰したら桃とキウイを入れる。

7

軽く煮て火からおろし、きいちごといちごを入れる。

8

そのまま冷ます。

日本酒のサバイヨン

材料

日本酒 … 120㎖
砂糖 … 100g
卵黄 … 2個（40g）
生クリーム … 200㎖

作り方

1. ボウルに日本酒、砂糖、卵黄を入れる。

2. 1を湯煎し、80℃まで温めながら泡立てる。

3. 80℃になったら湯煎から外し、氷水で冷やす。冷めるまで泡立て続ける。

4. 8分立てに泡立てたる生クリームを、3と合わせる。

5. 4を混ぜ合わせる。

仕上げ

材料

ミントの葉 … 適量

作り方

1. フルーツ・コンポートを器に入れる。

2. 日本酒のサバイヨンを丸口金をつけた絞り袋に入れて1の上に絞ったら、冷蔵庫で1時間ほど冷やす。仕上げにミントの葉を飾る。

福島銘酒のサバイヨン

ワンポイント アドバイス

- ◆ サバイヨンを作るとき、湯煎の温度は80℃に止めておく。これ以上高いと卵が煮固まってしまう。
- ◆ サバイヨンの泡立ては十分行う。泡立てが弱いと気泡が軽すぎてすぐに消えてしまう。やや重く、もったりするまで泡立てる。
- ◆ サバイヨンをしっかり冷めるまで泡立ててから、生クリームと合わせる。温かいうちに行うと、生クリームの油分と水分が分離して状態を損ねてしまう。
- ◆ 生クリームは8分立てにしっかり泡立てる。サバイヨンがかなり泡立っているので、同じくらいに泡立てないと、両方を合わせたときにフワフワにならない。
- ◆ フルーツ・コンポートのフルーツは、季節に応じて好みのものを使うとよい。いちごなどの色の出やすいものは、コンポートにせず、後から加えてもよい。
- ◆ サバイヨンとフルーツの量は、好みに応じてバランスを変えてもよい。

サバイヨンの話

　お菓子作り、ことに生菓子類のデザート作りにおいては、おおむねが生地とクリームによって組み立てられています。そうした中でも、クリームそのもののおいしさを味わってもらいたいというものがあります。ここに取り上げた"サバイヨン"も、そうしたもののひとつです。

　フランスの製菓用語では、"サバイヨン sabayon"といっていますが、生まれ故郷のイタリアでは、"ザバイオーネ zabaione"と呼んでいます。できあがった状態はまさしくクリーム状ですが、そのトロリとした口当たりを生かして、他のお菓子に添えて出されることもあります。よってこれは、例えばフランスでは、"クレーム・サバイヨン"といったり、"ソース・サバイヨン"とも呼ばれています。どちらも間違いではないのですが、よく考えると、全体の構成の中で、すべてあるいは大きな部分を占めるときはクリームで、添え物的な扱われ方の場合は、ソースの方がしっくりいくように思えます。

　さて、このサバイヨン、そもそもイタリアで作られたときは、卵黄にマルサラ酒かマデイラ酒、砂糖、香料を混ぜて火にかけ、濃度をつけて用いられていたそうです。それがフランスに渡り、卵黄、砂糖、白ワインで作られるようにアレンジされていきました。そしてそれが、そのままイタリアに里帰りし、今に至っています。ちなみにこのテイストは、イタリアでは"ママの味"と言われています。

　ところで、始まりがマルサラ酒かマデイラ酒で白ワインに代わったのならば、これが日本に来て日本酒に代わってもしっくりくるのではないかと、福島の日本酒に置き換えてみました。すると、驚いたことに実によく合うのです。ほんの思いつきにも関わらず、なんだか病みつきになりそうなほど……。思えば、ベースは異なりますが、ワインも日本酒もアルコール度数は似たようなものです。そんなところが、口当たりに同じようなインパクトを与えているのかもしれません。

ほろ酔い地酒ケーキ

ブランデーをたっぷり浸した"ブランデーケーキ"という
お菓子がありますが、日本酒に置き換えて作れないものかと思い、
縁のある神奈川県川崎市の銘酒で"日本酒ケーキ"を作ってみました。
日本国中においしい地酒がありますから、
ご当地ケーキができるかもしれません。

Chapitre 6 飲料 | ほろ酔い地酒ケーキ

{ 材料 24cmのトイ型1本分 }

スポンジケーキ

材料

卵…2個
砂糖…80g
薄力粉…80g
バター…80g

作り方

1 溶いた卵に砂糖を加え、十分泡立てる。

2 ふるった薄力粉を1に入れて混ぜる。

3 溶かしたバターに2を少し入れ、軽く混ぜてなじませる。

4 3を2に混ぜ合わす。

5 オーブンシートを敷いたトイ型に4を流し入れる。

6 170℃のオーブンで約20分焼く。焼き上がったら型から取り出し、オーブンシートを外す。

シロップ

材料

水…150mℓ
砂糖…50g
日本酒…80mℓ
レモン果汁…15mℓ

作り方

1 鍋に水と砂糖を入れて火にかけ、沸騰させる。火からおろして、日本酒、レモン果汁を加える。

サバイヨンソース

材料

卵黄…1個（20g）
砂糖…20g
日本酒…40㎖
生クリーム…40㎖
セルフィユ…適量
フランボワーズ…適量

作り方

1

ボウルに卵黄を入れてよく溶き、砂糖を加えて混ぜる。

2

1を湯煎にかけ、日本酒を少しずつ加えて泡立てる。

3

2の作業と同時進行で、生クリームを泡立てる。

4

80℃くらいになったら2を湯煎から外し、冷めるまで泡立て続ける。

5

生クリームを8分立てに泡立てたら、4と合わせる。

仕上げ

1

シロップの2分の1量を型に流し入れる。

2

1に焼きあがった生地を入れる。

3

2の生地の上から残りのシロップを全部注ぎ入れ、2〜3時間、生地を浸す。

4

3が冷めたら、型から取り出し、適当な幅に切り分けて皿に盛る。サバイヨンソースを流して、セルフィユ、フルーツ（今回はフランボワーズ）を飾る。

| ワンポイント | ### ほろ酔い地酒ケーキ |
| アドバイス | |

◆ 溶かしバターは下に沈むので、すくい上げるようにして混ぜるとよい。
◆ スポンジ生地もシロップも、ともに熱いうちの方がしみ込みやすい。
◆ 生地をシロップに浸ける時間が短いと、生地の中まで浸みこまない。
◆ サバイヨンソースは、熱を加えながら撹拌し、もったりするまで十分泡立てる。

日本酒とお菓子の話

　麦からビール、ぶどうからワイン、そしてお米から日本酒が作られます。ビールやワインはそれ用の原料を発酵させて作る醸造酒の仲間で、それぞれに紀元前3500年から3000年という長い歴史を持っています。日本酒はと言えば、神話の世界でしばしば登場してくるのですが、712年に書かれたという『古事記』によると、米をもってする酒造りの技術は、応神天皇の頃に中国から朝鮮半島の百済を経て伝わったとされています。となると、紀元390年頃でしょうか。はっきりとしたことは分からないにせよ、1600年以上もの古い足跡を持ち合わせているようです。
　では、その造り方を見てみましょう。まず、米を蒸す。これに麹菌をふりかけ菌を増殖させる。これが米麹です。次いで、別の蒸し米に米麹と酵母と水を加えて酛というものを作るのですが、酵母の増殖が進むともろみができます。このもろみは容器の中で糖化と発酵が進み、次第に酒になっていきます。
　一連のプロセスでは、この道のプロフェッショナルたる杜氏や蔵人と呼ばれる人たちの腕の見せどころでもあります。そして、さらに圧搾して滓を取り除き、生まれるのが生酒や新酒と呼ばれるもので、搾り滓の残っているものが、いわゆる濁り酒です。
　こうしてみると日本酒は、他の酒類と比べても、とても手が込んでおり、一種の芸術品であることがわかります。この類まれなる香味は、様々な食品作りに用いられており、有名なところでは明治7年に作られた"あんパン"があります。これは、通常使うパン種を日本人の口に合うようにと酒種に替えたもので大評判を呼びました。

ナスの赤ワイン煮 はちみつのムース添え

ナスを切るとスポンジのようで味が浸みこみやすいことを感じ取り
ワイン煮にチャレンジしてみました。フランスのワイン産地・
ブルゴーニュ地方などでは、ハチがワイン畑の守り神です。
そこで、はちみつのムースを添えたところ、
絶妙なコラボレーションが実現しました。

Chapitre 6 飲料 │ナスの赤ワイン煮 はちみつのムース添え

{材料 3皿分}

ナスの赤ワイン煮

材料

ナス…3個
赤ワイン…500㎖
レモン果汁…少々
シナモンスティック…1本
レモンの輪切り…3分の1個分
砂糖…200g

水…25㎖

作り方

1. ナスはよく洗って、たて半分に切っておく。

2. 鍋に赤ワイン、砂糖、シナモンスティック、レモン果汁、レモンの輪切りを入れて火にかける。

3. 砂糖が鍋底に残らないようによく混ぜながら沸騰させる。

4. 3が沸騰したら1のナスを入れる。

5. ナスが浮かないように落し蓋をし、弱火で7〜8分煮る。

6. 5を火からおろしたら、バットに並べ冷ましておく。

はちみつのムース

材料

粉ゼラチン … 5g
水 … 25㎖
コンデンスミルク … 50㎖
牛乳 … 200㎖
はちみつ … 35g
生クリーム … 200㎖

準備

A 粉ゼラチンを水でふやかし、湯煎で溶かす。

作り方

1　鍋に牛乳を入れて火にかけ沸騰したら、火からおろし、はちみつとコンデンスミルクを入れる。

2　1を混ぜながら余熱を使って溶かす。

3　**A**を2に入れてよく混ぜ、氷水でよく冷ます。

4　生クリームを用意し、ハンドミキサーで7分立てに泡立てる。

5　冷えてとろみがついてきた3に、4の生クリームを半分だけ入れて混ぜ合わせる。

6　残りの生クリームを全部入れて混ぜる。

7　別のボウルに移し替えて冷蔵庫で1時間ほど冷やし固める。

仕上げ

材料

生クリーム … 100㎖
砂糖 … 10g
ミントの葉 … 適量

作り方

1 生クリームに砂糖を加えて泡立てたクレームシャンティーイを用意。

2 ナスの赤ワイン煮を取りだし、水気をていねいにふきとる。

3 2をスライスして器に盛りつける。

4 はちみつのムースをスプーンですくって盛りつけ、クレームシャンティーイを盛り、赤ワインシロップを流し入れ、仕上げにミントの葉を飾る。

| ワンポイント アドバイス | ナスの赤ワイン煮 はちみつのムース添え |

- ナスの火とおりが悪いようだったら、箸かフォークの先を付き差し、穴をあけるとよい。
- ナスの赤ワイン煮を作る際、落し蓋をして弱火でゆっくり煮ると、ナスにワインシロップを十分しみこませることができる。
- はちみつムースを作るとき、はちみつ種は冷めた状態にしておかないと、生クリームと合わせたときに状態が悪くなってしまうので注意する。
- 生クリームは、はちみつ種と同程度のとろりとした状態に泡立てると、合わせたときに混ぜやすい。

赤ワインとお菓子の話

　お酒の種類を大きく分けると、醸造酒、蒸留酒、浸出酒の3つにまとめてとらえることができます。加えてもう少し細かく見るならば、浸出酒を蒸留してつくるスピリッツ類もひとつのくくりと言えば言えます。

　最初にあげた醸造酒とは、果実類や穀類を発酵させて作るもので、かくいうワインも、ビールや日本酒も、この分野に属します。

　まずワインの定義ですが、一般にはぶどうの果汁に酵母を加えて発酵させて作るのですが、ぶどう以外の果実によるものも、広義においてはその範疇に含まれます。例えば、梨やりんごで作るワインなどです。ただし圧倒的に多いのは、やはりぶどうでしょう。日本語でもワインを"ぶどう酒"と呼んでいるほどですから。

　遠い時代のギリシャ神話にも、ぶどう酒の神"ディオニソス"が出てくるほど歴史ある飲み物ですが、今では、飲料用にとどまらず、各種調理用としても広く使われています。また、ワイン入りのケーキやクッキー、ボンボン、ワインゼリーといったように、お菓子の分野にあまねく進出し、味覚の幅を広げる大きな力にもなっています。

　そこでこの度は、その幅を野菜の分野にまで広げてみようと思い立ちました。よく、洋梨の赤ワイン煮などというものが作られていますが、これをナスに置き換えてみたらどうなるだろう……。と、思い切ってトライしてみたら、色合いもよく、なかなかのものに仕上がったのです。

　そして、これを皿盛りデザート、いわゆるアシエットにしてみました。脇に添えたはちみつのムースを、もっとシンプルに、加糖し泡立てた生クリームを添えるだけでもいけましょうし、クロテッド・クリームを上から流してもいいかもしれません。

ビールゼリー・泡までスイーツ

ビールで作るゼリーはとてもおいしいのですが、
ビールをそのままゼラチンで固めるのでは意外性がありません。
そこで、りんごジュースで固めることに。
実はビールとリンゴジュースという取り合わせは、
絶妙のコンビネーションなのです。

{材料 7個分}

ビールゼリー

材料

ビール … 320㎖
リンゴジュース（A）… 160㎖
粉ゼラチン … 16g
リンゴジュース（B）… 80㎖
砂糖 … 65g
水 … 160㎖

作り方

1. ビールをボウルに入れ、泡だて器で混ぜて少しガス抜きをする。

2. 1にリンゴジュース（A）を入れる。

3. 粉ゼラチンをリンゴジュース（B）でふやかす。

4. 砂糖と水を合わせて沸騰させる。

5. 3のゼラチン液を加えて混ぜる。最初に少量の4を入れてから混ぜてから、全体を混ぜる。

6. 5と2を合わせる。

7. 6を氷水で冷やし粗熱をとる。

8. 7を器に8分目ほど入れ、冷蔵庫で約30分冷やし固める。

泡ゼリー

材料

粉ゼラチン … 4g
ビール（A）… 30㎖
砂糖 … 15g
ビール（B）… 100㎖

作り方

1. 粉ゼラチンをビール（A）に入れてふやかす。

湯煎にかけて溶かし、砂糖を入れて混ぜる。

2にビール（B）を加える。

ボウルに**3**を移し替え、氷水で冷やしながら、ハンドミキサーで十分に泡立てる。

仕上げ

冷やし固まったゼリーの上に、泡ゼリーをのせ、再び冷蔵庫で約30分冷やし固める。

| ワンポイント アドバイス | ビールゼリー・泡までスイーツ |

◆ ゼリーやバヴァロワなどを固めるために用いるゼラチンは、今日的な触感では水分全体量の3％ほどを基本としている。また、そのゼラチンは約5倍量の水（またはそれに準ずる水分）でふやかしておく。この割合を基準に、求める状態に応じてゼラチン量を増減するとよい。

◆ 泡を作るとき、ゼラチン液はしっかり泡立てる。その際、冷えた状態になっているとキメの細かい泡が作れるので、氷を入れたボウルを使ってよく冷やす。

◆ 泡はスプーンですくって、適量を固まったゼリーの上にのせ、再び冷やし固める。ゼラチンが気泡を支えているので、時間が経っても消えない。

黒ビールのパート・ド・フリュイ

フリュイはフランス語でフルーツを意味します。
フルーツを素材にしたお菓子、パート・ド・フリュイを、
フルーツではなく黒ビールで作るという、
なんとも独創的な試みです。食してまた、
そのおいしさにサプライズがある、サプライズ続きのスイーツです。

黒ビールのパート・ド・フリュイ

{材料（8cm×17cm）×2本分}

材料

黒ビール…380ml
ライム・ピュレ…120g
砂糖…180g
水飴…12.5g
A ｜ 砂糖…50g
　｜ ペクチン…12.5g
B ｜ クエン酸…6g
　｜ 水…6ml

準備

A 砂糖50gとペクチンをしっかり混ぜ合わせておく。
B クエン酸を水で溶かしておく。

作り方

1
鍋に黒ビール、ライム・ピュレを入れて火にかけたら、すぐにAを入れる。

2
1の中身が完全に溶けるまで混ぜ合せたら、砂糖180gと水飴を入れて混ぜ合わせる。

3
102〜103℃まで煮詰める。途中でふきこぼれそうになったら、鍋を火から外したり、火を弱める。早く作ろうとすると、つい強火にしがちだが、吹きこぼれる原因になるので注意する。

4
3が煮詰まったら火を止めBのクエン酸溶液を混ぜ合わせて、型に流して1時間くらい常温で冷ましておく。

仕上げ

材料

砂糖…適量

作り方

1. 十分冷えて固まってから、型から外す。

2. 好みの大きさに切る。今回は2.5cm幅で切る。

3. 2に砂糖を全体的にまぶす。

4. 3を器に盛りつける。

ワンポイント アドバイス

黒ビールのパート・ド・フリュイ

◆ 黒ビールはあらかじめ撹拌して、泡を適度に抜いておく。
◆ 水飴のような単糖類は熱で分解しやすいので、なるべく後にいれるようにする。
◆ ビールの場合は102℃より低いと固まりが悪く、それ以上高熱に煮詰まると、冷えたときに堅く口どけが悪くなるので、温度には十分注意する。
◆ ビールを煮詰めるとき、温度を測るときは、表面と中ほどでは温度が違うので、ちゃんと中の温度を測る。

ビールとお菓子の話

　ビールの起源は大変古く、人類最古の文明が開かれたというメソポタミア地方で、シュメール人たちによって農耕が行われていたのですが、ビールの発祥はその頃ではないかという説があります。人々が口にしていた小麦粉を水で溶いたおかゆ状のものが発酵し、今日でいうところのビールになったとされています。
　メソポタミアでは、ほどなくその製造にポップが使われだし、またエジプトでは容器を密閉して、発生した炭酸ガスを閉じ込めたものが作られたといわれています。
　双方の情報を合わせると、すでに今日風のビールが作られていたことに驚きを禁じ得ませんが、ただし本格的な今様のホップビールは、12世紀頃、ドイツに始まりをもちます。
　ワインの本場とされるフランスで、ちょっとおもしろいビールの飲み方があります。パナシェと呼ばれるビールのサイダー割りです。飲み口は少し甘いが、これがとてもおいしいのです。道路からはみ出たカフェに腰をおろして、これを傾けると「ああ、パリに来ているなあ」という実感がわいてきます。フランスに行かれる機会には、ぜひお試しください。
　さて、今回のビールで作るゼリー、見た目もせっかくですのでジョッキ型の容器に入れ、その上には泡立てたゼラチン液をのせてそれらしく、冷やし固めました。そう、まるでデザート化させたパナシェです。

黒ビールとパート・ド・フリュイの話

　パート・ド・フリュイは文字通りフルーツのペーストのことで、ひと口サイズに作るゼリー状の糖菓です。通常、ゼリーと呼ばれるお菓子は、ゼラチンや時として寒天などで作られますが、これはそうしたものとは異なります。フルーツにはペクチンと呼ばれる粘性を生む物質が含まれており、その性質を利用して作るものが、パート・ド・フリュイです。
　ただしフルーツによって含まれる量が異なるので、あらかじめペクチンのみを取り出しておき、ペクチン量の少ないフルーツには足りない分を補って、適度な堅さに調節して各種の製品を作ります。したがってペクチンさえあれば、どんな水溶液も固めることができるわけで、フルーツではないパート・ド・フリュイ（フルーツ）も、作ろうと思えば作ることが可能です。そこでこの度は、黒ビールで遊んでみることにしました。
　ちなみに、例えばカルピスや抹茶のものも、作ろうと思えば作ることができます。ところで、黒ビールについても少しお話しましょう。
　文字通り、色が濃く黒っぽいビールのことで、ブラックビールとも呼んでいます。日本における「ビールの表示に関する公正競争規約および施行規則」では、これを"濃色の麦芽を原料の一部に用いた色の濃いビールでなければ、黒ビールまたはブラックビールと表示してはならない"と定められています。見た目の色と同様、味も通常のビールと比べて濃厚で、独特の風味を持っており、世界のどの地にあっても、特定のファンを持っています。
　この黒ビールで作ったパート・ド・フリュイは、見た目からしてサプライズです。よくあるパート・ド・フリュイの色とは、全く異なる黒。しかもフルーツとは縁遠い、ビールで作っているわけですから食べる前よりすでにミステリアス……。大きなサプライズが重なる、独創的なスイーツです。

ボンボン・オ・壱岐焼酎

リキュールに変えて、長崎の名品・壱岐の焼酎を用いて作ってみました。
そのほかの焼酎はもちろんのこと、日本酒など、
地元の名酒でも、ボンボンを作ることができます。
水溶液が閉じこめられる不思議なボンボンの作り方を
ここではわかりやすくご紹介します。

Chapitre 6 飲料 | ボンボン・オ・壱岐焼酎

{材料 約100個}

ボンボン・オ・壱岐焼酎

材料

砂糖 … 750g
水 … 250㎖
壱岐焼酎 … 125㎖

作り方

乾燥させ、30〜35℃に温めておいたコーンスターチをふるいに通してから、箱いっぱいに敷きつめる。

表面を平らにし、好みの型を押し当てて穴をあける。

砂糖と水を鍋に入れ、火にかけて118℃に煮詰め、ボーメ36℃のシロップを作る。

3に壱岐焼酎を加える。はげしく混ぜると糖化してしまうのでやさしく混ぜる。ボールと鍋を5往復させて合わせる。

鍋底を冷水に浸け粗熱をとり最終的にボーメ33℃にする。ボーメ計を使って確認する。

ボーメ33℃にした溶液を、ドロッパーまたはメジャーカップを使って、2の穴に流し入れる。

6の上に、乾燥させ30〜35℃に温めておいたコーンスターチを厚さ2㎜ほどにふりかける。

5〜6時間放置し、薄い粘膜ができたら、フォークを使って裏返しにし、その上からまたコーンスターチをふりかける。

一晩放置し、表面が固まったら取り出して、刷毛でコーンスターチをはらい落とす。

固まった状態のボンボン。

チョコレートのテンパリング&仕上げ

材料

チョコレート … 適量

作り方

チョコレートを刻み、湯煎にかけて、全体が40℃ほどになるまで温め、ダマがなくなるようにきれいに溶かす。

1を冷水に浸け、混ぜながら27℃ほどに温度を下げる。再びまた温水に浸け、30〜31℃に温度を上げる。

固まったボンボンにテンパリング(温度調節)をしたチョコレートで被覆する。

チョコレートが固まったら完成。

ボンボン・オ・壱岐焼酎

ワンポイントアドバイス

- ◆ ボーメとは、水溶液の糖度を測る単位。数字が多いほど濃度が高くなる。
- ◆ シロップに焼酎を加えるとき、ゆっくりとそっと混ぜ合わせる。濃度の高い糖液は早く強く混ぜると、全体が結晶化して白濁してしまう。
- ◆ 濃度が高い糖液は霧を吹かないと表面が結晶化し、薄い粘膜ができてしまう。
- ◆ コーンスターチは十分乾燥させないと、水溶液が外側にしみでる。
- ◆ 穴をあけるとき、コーンスターチにひびが入らないように注意する。
- ◆ 上からもたっぷりコーンスターチをふりかけ、溶液全体をコーンスターチで包み込むようにする。
- ◆ 5～6時間後に裏返しにする理由は、下側の方が厚く結晶化するので、上側も同じほどの厚さの粘膜にするためである。なお、まだ粘膜は薄く壊れやすいので、十分注意して行う。
- ◆ 十分冷めてから、チョコレートでカバーする。本体が温かいとチョコレートが固まらない。

ボンボンの話

　ボンボンは、とても楽しいお菓子です。噛むと中からシロップが飛び出してくるのですから。子供の頃、あれは注射器か何かを使って中に水溶液を注入するのだろうと想像していたのですが、後年、菓子を専業するようになって、いろいろな状況によって変化する糖液の性質を作用して作られるものなのだと知りました。

　水に砂糖を入れると混ざっていくのですが、あるところまでくると混ざらなくなり下に沈澱します。ところがこれを温めると、混ざらなくなったものがまた混ざっていきます。なお、こうして無理に閉じこめた砂糖は何かのきっかけをもって、再び結晶化しようとする性質があります。このことを利用して作られるのが、リキュール・ボンボンです。

　順序立てると、まず水をはじく性質のコーンスターチを箱に敷き詰めて穴をあけ、そこに糖度の高いシロップを流し入れると、シロップはコーンスターチにはじかれて、浸みこむことなくそこにとどまります。そして、その上からもコーンスターチをふりかけて、中にシロップを閉じ込める形にする。シロップの中に無理やり溶け込まされた砂糖は、異物すなわちコーンスターチの壁にまとわりついて結晶化し、砂糖の膜を作ります。ある程度結晶化したらそこで止まるので、中は適度な濃度の水溶液になって、そこにとどまります。その過程では、重いものは下に降りてくるので、下側の方が厚く糖化していきます。よって、途中で逆さにして全体に均質な厚みの粘膜ができるようにします。こうして一晩経つと、糖膜に覆われた水溶液のお菓子ができあがります。

　フランスをはじめヨーロッパでは、いろいろなリキュール類を閉じ込めたボンボンが作られてきました。その後、チョコレートの技術が広まると、今度はそれをチョコレートで包み、さらにおいしく仕上げるようになっていきます。

Chapitre 7

空想

fantaisie

クレオパトラが食べたかもしれない
バラの花びらのバヴァロワ

クレオパトラが愛してやまなかったバラ。彼女が現在の世にいたら、
おそらくバラのスイーツを好んだだろうと想像し、
バラの香りに包まれるバヴァロワ仕立てのアントルメを作りました。
熱い国・エジプトにちなんだ、口当たりの冷たいクールデザートです。

{材料 直径15cm×3台分}

バヴァロワ種

材料

水 … 60㎖
粉ゼラチン … 12g
卵黄 … 3個（60g）
牛乳 … 180㎖
生クリーム … 270㎖
砂糖 … 105g
ローズウォーター … 少々

ロゼワイン … 30㎖
※写真のフルーツ（白桃、パイナップル、オレンジ）は仕上げ時に使用

準備

A 粉ゼラチンを水でふやかし、湯煎で溶かす。

作り方

1 ボウルに卵黄を入れて溶き、砂糖55gを入れて混ぜる。同時進行で牛乳を温める。

2 牛乳が沸騰したら1に入れ再び鍋に入れ、火にかける。

3 とろみがついたら2を火からおろす。Aのゼラチン液を加えて混ぜ溶かす。

4 3をボウルに移し、氷水で冷やす。

5 別のボウルに生クリーム、砂糖50g、ローズウォーター、ロゼワインを入れ、6分立てに泡立てる。

6 4と5を混ぜ合わせる。

ゼリー

材料

水 … 30㎖
粉ゼラチン … 6g
水 … 210㎖
砂糖 … 150g
ローズエッセンス … 少々
シャルトルーズ … 少々
グレナデンシロップ … 10cc

※シャルトルーズはリキュールの1種。スピリッツをベースに130種以上の薬草や香草を用いて作る。なければロゼワインを使う。グレナデンシロップは、ざくろの果汁で作るシロップ。

準備

A 粉ゼラチンを水30㎖でふやかし、湯煎で溶かす。

作り方

1

鍋に水210㎖、砂糖を入れて沸騰させる。火からおろして粗熱をとる。

2

1に**A**のゼラチン液、ローズエッセンス、シャルトルーズ、グレナデンシロップを加えボウルに移し替えて、氷水で冷やしながら混ぜる。

3

ゼラチンは16℃ぐらいから固まってしまうので、17℃くらいまで冷えた状態で使う。

仕上げ

材料

フルーツ（白桃、パイナップル、オレンジ）… 適量
スポンジケーキ … 適量
シャルトルーズ … 30㎖
シロップ（水：砂糖＝2：1）… 60㎖
食用バラ … 12～15本

作り方

1

フルーツを小さくカットする。

2

スポンジケーキを薄く切って容器の中に敷き、シャルトルーズを混ぜたシロップを刷毛で打つ。

3

2の上に1のフルーツを並べる。

4

3にババロワ種を流し入れる。

5

4の上に食用バラを並べ、冷蔵庫で1時間くらい冷やし固める。

6

固まった5の上にゼリーを流し入れる。冷蔵庫で冷やし固める。固まったら、中央に食用バラを飾り完成。

| ワンポイント アドバイス | クレオパトラが食べたかもしれないバラの花びらのバヴァロワ |

- ◆ スポンジケーキは市販のものを利用してもよい。
- ◆ バヴァロワを型に流し、その上にバラをのせて一度固める。そのままゼリーを流すと、重みで沈み込んでしまう。
- ◆ 十分固まった後、ゼリーを流す。
- ◆ バラは必ず食用に栽培されたものを使用する。

バラとお菓子の話

　クレオパトラは楊貴妃、小野小町と並ぶ世界三大美人の一人として知られています。古代エジプトのプトレマイオス朝最後の女王です。彼女は、何にもましてバラを愛した女性でした。王宮内部にバラの花を敷きつめ、寝室にもバラの花びらを敷きつめ、その香りに包まれて眠り、バラの花をいっぱい浮かべたお風呂に入り、金より高価だったバラの香水を常にふりまき、むせかえるような香りの中に自らを置いて……など、そのエピソードは枚挙にいとまがありません。そんな彼女が特に愛したとされるバラは、ピンクの花びらが際立つブルガリア原産のダマスクスローズと伝えられています。

　けれど残念ながら、バラのスイーツを口にしたという記録はありません。もしも、彼女が現代に活躍し、変わらずバラを愛していたとしたら、こんなお菓子を食べたのでは……と勝手に想像して作ってみたのが、今回ご紹介した、バヴァロワ仕立てのバラのアントルメです。食用に栽培されているバラは、食べて特に美味というわけではありませんが、かぐわしい香りもテイストのうち。クレオパトラを偲んでバラの香りに包まれてみるのはいかがでしょう。

楊貴妃が食べたかもしれない ライチのデザート

ライチのデザートというと、よくあるのがゼリー仕立てですが、
ここではムース仕立てにし、水分が多いピュレを使っても
作れるムースの配合をご紹介します。楊貴妃の白肌のように
ぷるぷると美しいムースは、ライチのほどよい甘さを堪能できる
冷たいデザートです。

{材料 8個分}

ライチのムース

材料

ライチピュレ…100g
粉ゼラチン…6g
水…30㎖
砂糖…100g
水…30㎖
卵白…2個分（60g）

生クリーム…160㎖
ライチリキュール…6㎖

準備

A 粉ゼラチンを水30㎖でふやかし、湯煎で溶かす。

作り方

1
ライチピュレ（ライチの缶詰をフードプロセッサーにかけてもよい）に、**A**を加えて混ぜる。水30㎖と砂糖を混ぜて、115℃まで煮詰める。

2
卵白を泡立てる。

3
2に1のシロップを加え混ぜ、イタリアンメレンゲを作る。

4
生クリームを7分立てに泡立て、ライチリキュールと1のゼラチン入りライチピューレを加え混ぜ、3と合わせる。

5
よく混ぜる。

6
5を容器に入れて冷やし固める。

上面ゼリー&コンカッセゼリー

材料

上面ゼリー
粉ゼラチン … 5g
水 … 25㎖
砂糖 … 15g
レモン果汁 … 少々
ライチリキュール … 10㎖
クランベリージュース … 100㎖

コンカッセゼリー
粉ゼラチン … 5g
水 … 25㎖
水 … 50㎖
砂糖 … 10g

準備

A 粉ゼラチンを水でふやかし、湯煎で溶かす。

B 粉ゼラチンを水25㎖でふやかし、湯煎で溶かす。

上面ゼリー 作り方

1 Aに砂糖を加え混ぜる。

2 1にクランベリージュースとライチリキュール、レモン果汁を混ぜる。

コンカッセゼリー 作り方

1 水50㎖と砂糖を混ぜて火にかけ、沸騰させてBに加え混ぜる。
2 バットに流して冷やし固める。
3 固まった2を出し、ナイフでみじん切りにする。

仕上げ

材料

ライチ … 適量
ミントの葉 … 適量

作り方

1 固まったムースに上面ゼリーを流し、冷蔵庫で1時間くらい冷やし固める。

2 1の上面にコンカッセゼリーを飾る。

3 ライチ、ミントの葉などをのせて飾る。

楊貴妃が食べたかもしれないライチのデザート

ワンポイントアドバイス

- ライチは生がなかったら、缶詰のものでもよい。
- ムラング・イタリエンヌを作るとき、卵白の泡立て作業とシロップの煮つめ作業は同時進行で行う。シロップが115℃になったとき、卵白も十分泡立った状態に合わせる。
- シロップを加えるときは、泡立て作業をしながら、細い糸状に流し加えていく。冷めたときにこのシロップの粘性が気泡を支えるため、気泡の消えにくいメレンゲになる。
- コンカッセゼリーを作るとき、冷やし固めたものをまな板にあけ、必ずナイフで細かく切る。ボールにあけてホイッパーなどで混ぜると、ぐちゃぐちゃな状態になり、キラキラ感が出ない。

ライチの話

　近頃、とみにフルーツのお菓子化という現象が目につきます。例えば、夏みかんなどでも、かつては強烈な酸っぱさを持っていました。けれど、今では何の抵抗もなく、口に入れられるさわやかな甘い果実に変わっています。その他のかんきつ類やいちごなども、まるでお菓子のように甘い品種が主役となっています。

　さて、数ある果実の中で、昔から今様のお菓子としての役割を果たしていたものも少なくありません。ここに取り上げたライチもそのひとつと言えます。原産地は中国で、当地では2000年以上も前にすでに人工的に栽培されていたと言いますから、この果実への思い入れもひとしおのものがあるようです。一説によると、絶世の美女の誉れ高い楊貴妃が、ことのほか好んだと伝えられています。

　ライチは美味なだけでなく、貧血の予防にも役立つほか、コラーゲンの再生を促し、美肌に欠かせないビタミンCも豊富に含んだ果実です。楊貴妃の美貌の秘訣のひとつは、そんな食習慣にあったともいえます。

　なお、枝からとるとき、うっかりそのまま引っ張ると、実の切り口が開いたり傷みやすいために、たいがいは枝付きのままで売られています。筆者もアジアの南の方をよく訪れますが、そのどこでも市場などでおばさんたちが地べたに座ってこれを商っているのをよく見かけます。そしてこれを求めては、ホテルの冷蔵庫で冷やして口に運びます。こればかりは絶対に冷やした方が美味。かの楊貴妃もきっとそうしたのではないかと思います。

小野小町が食べたかもしれない
ハチミツスイーツ

『源氏物語』に、はちみつの甘い香りを楽しんでいたことが記されています。
平安時代の女流歌人で、世界三大美女の一人とされる小野小町。
そんな才色兼備の彼女がスイーツを口にするとしたら、香を楽しみつつ、
アンチエイジング効果も期待してはちみつを好んだのでは……
そんな楽しい想像から、かわいらしいハチミツスイーツが生まれました。

{材料 6.5cmの茶巾×10個分}

はちみつムース

材料

卵白…30g
はちみつ…90g
粉ゼラチン…5g
水…25g
生クリーム…150g
クルミ…30g

準備

A 粉ゼラチンを水でふやかし、湯煎で溶かす。

作り方

1

クルミは160℃のオーブンで10分くらいローストしてから、細かく切る。

2

はちみつを鍋に入れて火にかけ、117℃まで温める。

3

2と同時進行で、卵白をハンドミキサーで泡立てる。

4

3に2を注ぎ入れる。

5

4をハンドミキサーで混ぜはちみつ風味のメレンゲを作る。冷めるまで撹拌を続ける。

6

5に**A**のゼラチン液を入れる。その際、少量の5をゼラチン液に入れて混ぜてから全部を入れる。

7

8分立てに泡立てた生クリームを混ぜ合わす。

8

7に1のクルミを入れてよく混ぜる。

9

絞り袋に8を入れ、小さなポンプ型に絞り入れる。その際、8分目くらいの高さに入れるのが目安。

9を冷凍庫で2〜3時間冷やし固める。

仕上げ

その他の材料

ピンクの求肥 … 適量
クレームシャンティーイ … 適量
ホワイトチョコレート … 適量
粉糖 … 適量

作り方

固まったはちみつムースを型から抜く。フォークを差して温めた湯に型を入れると、きれいに取り出せる。

クレームシャンティーイを泡立てる。

ラップに求肥を広げ、丸口金のついた絞り袋にクレームシャンティーイを入れ、求肥の上に渦巻き状に絞る。

3の上にムースをのせる。

4のムースの上に、クレームシャンティーイを少し絞る。

5を茶巾絞りにする。

6をセルクルに入れ、冷凍庫で30分くらい冷やし固める。

エアパッキンをきれいに洗って乾燥させておき、そのうえに溶かしたホワイトチョコを流し固める。固まったらエアパッキンをはがす。

型抜きをする部分をフライパンで温める。

8のホワイトチョコを、9の温めた型で型抜きをする。ハチの巣に見立てた飾り用のホワイトチョコを作る。

冷やし固まったハチミツムースのラップをはがす。

11の上にクレームシャンティーイを絞る。

ハチの巣に見立てたホワイトチョコやフルーツを飾る。仕上げに粉糖をまぶす。

| ワンポイント | 小野小町が食べたかもしれないハチミツスイーツ |
| アドバイス | |

- はちみつ入りメレンゲは、卵白の泡立て作業とはちみつの煮つめを同時進行で行う。しっかり泡立ったとき、ちょうど117℃になるようにする。
- ゼラチンは湯煎でよく溶かしておく。
- メレンゲをよく冷ました後に、泡立てた生クリームと合わせる。温かいうちに混ぜると、生地の状態を損ねる。
- ホワイトチョコレートは市販のものを溶かして型どりするが、そのとき、チョコレートはテンパリング（温度調節）を正しく行わないと、班点が出たり、白っぽくなるなどのブルーム現象が起きてしまう。
- テンパリングは、40℃ほどに湯煎で溶かした後、27℃ほどに温度を落とし、30℃ほどに温度を上げる作業のこと。大変であったらチョコレートではなく、別のものを飾ってもよい。

はちみつの話

　日本では古くより、味覚の捉え方として、酸、苦、甘、辛、鹹の5文字で表現されてきました。物の本により順序配列はさまざまですが、これをして一様に"五味"と称し、すべてはその調和の上に成り立っているとされています。

　なおこのうちの辛は、正しくは味覚ではなく刺激で、あえていうならば旨ではないかとの説もあります。このうちの甘ですが、動物性のものと植物性のものに大別されます。はちみつや乳からとった蘇などというものが動物性で、飴や甘葛煎（甘葛を煎じたもの）、砂糖の類は植物性ということになります。

　さて、動物性甘味の代表的なもののひとつの、はちみつですが、その歴史は古く、古代エジプトでも珍重されていました。五千年以上昔のファラオ（王）は蜜蜂を彫った印を使用し、その遺跡からは、はちみつも発掘されています。

　日本では、記録としては『続日本記』（797年）や『延喜式』（967年に施行された平安初期の律令の施行細則）に登場しています。貴重品でしたから、おそらく薬用として扱われていたのではないかと推測されます。

　また『源氏物語』の鈴虫の巻では、これを薫物（平安時代に主流だったお香）として用いられる旨が記述されており、口にするだけでなく、ほのかな甘い香りを楽しんでいたことが分かります。

織田信長が食べたかもしれない
チーズケーキ・ケジャット

室町時代、ポルトガルやオランダなどから渡来したお菓子があり、
南蛮菓子と呼ばれていました。その中のひとつ"ケジャット"を
ポルトガルのケジャータをヒントに再現。
新しいもの好きの織田信長なら好んで食したかもしれない、
シンプルで自然な味のチーズケーキです。

Chapitre 7 空想 ｜ 織田信長が食べたかもしれないチーズケーキ・ケジャット

{材料 直径21cm×1台分}

チーズケーキ・ケジャット

材料

クリームチーズ…200g
シェーブルチーズ…40g
卵…2個
砂糖…100g
薄力粉…20g
塩…少々

シナモンパウダー…少々
生クリーム…100mℓ

作り方

1
クリームチーズとシェーブルチーズをボウルに入れて湯煎にかけ、やわらかくする。

2
1に卵、砂糖、ふるった薄力粉、塩、シナモンパウダーを入れて混ぜる。

3
6分立てに泡立てた生クリームを2に入れて混ぜる。

4
和風の器に高さ4分の3くらいまで、3を流し入れる。

5
160℃のオーブンで約40分焼く。

6
焼き上がり。

ワンポイント アドバイス	織田信長が食べたかもしれないチーズケーキ・ケジャット

- チーズはクリームチーズだけでもよいが、シェーブルチーズ（山羊のチーズ）を入れたほうが史実に近くなる。
- 2種のチーズを使う場合、堅さが異なると混ぜにくいので、あらかじめ両方ともやわらかく練っておくと混ぜ合わせやすい。
- 容器はなるべく和風のもののほうが雰囲気が出る。

南蛮菓子の話

　日本では室町末期から江戸初期にかけて、新たに知った西欧世界を南の野蛮な国として"南蛮"と称しました。思えば不遜な表現ですが、そう呼ばれたポルトガルやスペイン、紅毛（こうもう）と呼ばれたオランダ、イギリスなどからは、それまでとは違った新しい文化が流入。そうした南蛮物の中には、珍しいお菓子の一群もありました。

　カステイラ、ボーロ、コンペイトウ、ヒリュウス、ビスカウト、アルヘル、タルタ、カルメル……等々。察しのつくものもあれば、見当つかないものもあります。後者のひとつに"ケジャット"という名のお菓子があります。調べた当初、スペインで古くから伝わる"ガジェータ"がなまったのかと思ったのですが、そうではなかったようです。ポルトガルを訪れたとき、やっとその手がかりをえることができました。"ケイジャータ"なるチーズケーキの類を見つけたのです。

　実物はナチュラルタイプのチーズクリームに卵と砂糖を加え、レモンで香りをつけて焼き上げたものですが、室町期、本当にこうしたチーズが日本に運ばれてきたのでしょうか。

　何とも申し上げられませんが、新しいもの好きで、西欧のものなら何でも興味があった時の天下人、織田信長なら口に運んだかもしれません。けれども、バターや牛乳でさえ、その匂いや風味によい印象を持たない人の多かった当時の状況から見て、それよりさらに癖のあるチーズはやはり口に合わなかったのでしょう。結果、ほどなく消えてしまいました。

豊臣秀吉が食べたかもしれない 黄金のお花見デザート

豊臣秀吉が盛大なお花見を催したことは有名な話。
お花見では茶会も催されたとか。
そんな秀吉がお花見でデザートを食べるとしたら……
という空想から、桜のムースと抹茶ダッコワーズを組み合わせ、
黄金好きの秀吉らしく、金箔で仕上げてみました。
中身は吉野にちなんで葛仕立て。

{材料 6個分}

抹茶ダッコワーズ

材料

薄力粉 … 8g
粉末アーモンド … 40g
粉糖 … 40g
抹茶 … 4g
卵白 … 50g
砂糖 … 25g

作り方

1　薄力粉、粉末アーモンド、粉糖、抹茶を一緒にしてふるいにかける。

2　別のボウルで、卵白と砂糖を泡立て、しっかりしたメレンゲを作る。その際、砂糖は3回に分けていれるとよい。

3　2と1を合わせる。

4　直径6.5cmの型の先に3を少しつけて、オーブンシートに6個分の印をつける。

5　直径9mmの丸口金をつけた絞り袋に4を詰め、直径6.5cmの円盤を6個作る。

6　同様に、直径4cmの円盤を6個作り、170℃のオーブンで約12分焼く。

7　焼きあがったら4と5の型を使ってくりぬくようにして、それぞれ大きさを整える。

8　7で大きさを整えた状態。

{材料 6.5cmドーム型×6個分}

桜のムース

材料

吉野葛…60g
砂糖…60g
牛乳…200g
生クリーム…200g
さくら餡…200g

作り方

1 ボウルに砂糖と吉野葛を入れ、混ぜ合わせる。

2 約40℃に温めた牛乳を1に混ぜ入れる。

3 2に生クリームを混ぜる。

4 ボウルにさくら餡を入れ3で溶く。

5 4を鍋に入れ、とろみがつくまで加熱する。

6 8の桜ムースを、丸口金のついた絞り袋に入れる。ドーム型の型に半分の高さまで絞り入れる。

7 ヘラなどを使って表面をならす。

8 直径4cmのダッコワーズを上にのせる。

9 上に桜ムースを絞る。

9の上に直径6.5cmのダッコワーズをのせて、冷凍庫で2時間くらい冷やし固める。

仕上げ

材料

プラスチックチョコレートで作った桜の花…適量
金箔…適量

作り方

型から生地を取り出す。

1の表面に金箔を張りつける。

2の上面中央にプラスチックチョコレートで作った桜の花を飾る。

豊臣秀吉が食べたかもしれない黄金のお花見デザート

ワンポイントアドバイス

- ダッコワーズを作るとき、メレンゲは砂糖を3回に分けて加えながら泡立てる。最初に砂糖全量を入れて泡立てると量は少ないが、きめの細かいメレンゲができる。また、卵白だけ先に泡立て最後に砂糖を加えると、きめは細かいが量を多くとることができる。そして3回に分けると、ほどほどのきめの細かさで、ほどほどの量のメレンゲを作ることができる。
- 桜ムースを作るときに使うさくら餡とは、白餡に桜風味をつけたもので市販されている。
- さくら餡はダマができないように、よく溶き混ぜる。
- 生クリームはあまり立てすぎないようにする。
- プラスチックチョコレートとは、チョコレートに水飴やシロップを混ぜて粘土状にしたもので市販されている。ない場合はマジパンでもよい。

葛とお菓子の話

　絶頂期にあった豊臣秀吉が、文久3 (1594) 年に吉野山においてお花見の宴を盛大に催したことは広く知られています。それほど吉野山の桜は有名で、一目千本といわれるほどにその眺めはすばらしく、徳川家康や前田利家、伊達政宗といった並みいる大名や歌人、茶人を従えた秀吉は、その絶景にたいそうご満悦だったとか。また当地・吉野は葛の名産の地としても知られ、それは吉野葛と称されて、他とは一線を画すほどの最良品としてもてはやされてもいます。

　ところで葛とはマメ科のツル性植物で、花、茎、根のすべての部分がさまざまに利用される、人々にとってたいそう有益な植物といえます。ちなみに花はその美しさから古来より多くの歌人や知識人に愛でられ歌われ、取り上げられてきました。葛についてはその強い繊維質を利用して葛布が作られ、それをもって衣服や敷物、テーブルクロスなどに使われてきました。またその根に含まれる澱粉は、精製し乾燥させると、いわゆる葛粉と呼ばれる食品になります。これは粒子も細かく滑らかな食感を特徴とし、粘度や透明感に優れているため、夏の風物詩として欠かせない和菓子の葛桜や日本料理の食材として重宝に用いられています。

　また秀吉は無類の贅沢好きで、特に黄金への執心も人並み外れて強く、黄金づくしのお茶室まで造ってしまったほどでした。よってこの度はそれらの秀吉らしさをこよなく取り入れ、吉野葛を使った桜風味のムースを作り、それを丸ごと黄金ぶきに仕上げてみました。贅の限りを尽くす太閤殿下になった気分でお召し上がりを……。

徳川家康が食べたかもしれない
酒種パン

パンという食べ物が日本に伝わったのは室町時代末期のこと。
家康もそれを摂っていたことは文献から察することができます。
そこで、実際に家康がどんなものを口にしていたかを想像し、
和の素材を使った酒種のパンを作ってみました。
もちろん、モチーフは葵の御紋です。

Chapitre 7 空想 | 徳川家康が食べたかもしれない酒種パン

{材料 7個分}

パン生地

材料

強力粉…150g
薄力粉…50g
和三盆…20g
塩…4g
ごま油…6g
酒種(酵母液)…40㎖
水…90㎖

準備

酒種(酵母液)を作る。甘酒と水を清潔な瓶に入れて、温かいところ(30℃)に、一晩くらい発酵するまで置いておく。ブクブクと発酵し、酸味が出たらよい。

作り方

1

強力粉、薄力粉、和三盆、塩をボウルに入れて混ぜ合わせる。酒種、ごま油、水を加えて、こね合わせる。

2

まとまったら、台に移して、叩きつけるようにしてこねる。

3

3を丸めてボウルに入れラップをかけ、生地が2倍程度の大きさになるまで発酵させる。目安は35℃で約90分。

4

発酵を終えた生地。

5

ガス抜きしてから四角にまとめ、ラップをかけて10分置く。

フィリング

材料

クルミ…15g
松の実…15g
和三盆…25g

1

クルミと松の実を細かく刻み和三盆をまぜる。

仕上げ

10分置いた生地を麺棒で長方形に延ばす。縦30cm×横20cm程度。

上を少し残してごま油（分量外）を薄く塗る。

2の上にフィリングをのせる。

3を手前からきつめに巻く。

4の巻終わりはしっかり閉じる。2秒くらいおさえるとしっかり閉じる。

転がして少し細長くしてから両端を切り落とす。

最初に四等分に切り、次にそれぞれ三等分に切る。全部で12個になる。

7を三個一組にしてテンパンにのせる。

35℃で25分おき、最終発酵させる。

170℃のオーブンで約15分焼く。わさび醤油と合うので、山葵や醤油を添えて盛りつける。

ワンポイント アドバイス	**徳川家康が食べたかもしれない酒種パン**

◆ ごま油はバターやショートニングに置き換えてもよい。
◆ 発酵させるときは、30℃ほどにしておく。35℃以上になると、酵母菌が弱ってしまい、30℃以下だと酵母菌の働きが鈍ってしまう。
◆ 好みにより、大根おろしやわさび醤油を添えてもよい。
◆ 材料を入れるビンは清潔でなければならない。
◆ 発酵させている途中でカビが生えたり、薬品臭のようなツンとしたにおいがした場合は、雑菌が繁殖している可能性があるので使用しない。
◆ 保存する場合は、ふたをゆるく締めて冷蔵庫に入れておく。

日本のパンの話

　ヨーロッパではパンは主食の一部なのでお菓子とは区別していますが、日本では古くからこれを南蛮菓子と類として、とらえてきた経緯があります。
　日本人がパンという食べ物を初めて知ったのは、室町時代の末期、天文12（1543）年で、ポルトガル船が種子島に漂着したときです。当時より、これを飯にひっかけてハンと呼び、その他、「波牟」の文字を当てたり、「饅飩」「蒸餅」または「麦餅」と書いて、ハンと読ませていたそうです。また、ものの本では「饅頭にして餡なきものなり」と説明しています。それにつけても、飯の字をもって音読みにしたり、蒸した餅、麦の餅となじみのあるご飯ゆかりの餅になぞったり、はたまた饅頭を引き合いに出すなど、それを知らない庶民にわからせる努力もさることながら、その巧まざる知恵にまず感心させられます。
　なお、明治に入ってからは、バラバラであったそれらも次第に「麵麴」「麵包」といった書き方にまとまり出しました。そして今日のようなカタカナ書きのパン表記が頻繁になされるようになったのは、明治も末期からのことです。
　また、天正の少年使節や支倉常長はじめ、海外に雄飛した同胞たちの長期にわたる西欧式食生活を考え合わせるに、一般化していなかったとはいえ、日本のパン食史もさかのぼると、500年近くに及ぶということになります。最も数千年前のエジプト時代にたどりつく先方には、及ぶべくもありませんが…。
　また、慶長14（1609年）に、スペイン船の乗組員の伍長官、ドン・ロドリゴ・デ・ビベロが、家康に「日本人はパンを果物扱いにしているが、江戸のパンの世界最高と信ず」と述べたそうです。果物扱いとはお菓子扱いのことと思われますが、それにしてもいくら大御所の手前とは申せ、いささかほめすぎでしょう。

神武天皇が食べたかもしれない
日本最古の飴

神武天皇の時代、飴をお米で作っていました。
それと同じ作り方で飴作りを行っている老舗飴屋さんが長野県松本市にあります。
縁あって学ばせていただいたレシピを参考に、お米から作る飴作りを再現。
日本のお菓子作りの原点ともいえる飴は、今までにないやさしい味です。

Chapitre 7 空想 | 神武天皇が食べたかもしれない日本最古の飴

{材料 直径21㎝×1台分}

水飴

材料

もち米…1合
水…900g
モルトパウダー…18g

準備

A もち米を洗っておく。

作り方

1. 鍋に**A**のもち米と水を入れ、火にかけ沸騰させる。沸騰したら中火で15〜20分、お粥の状態にする。

2. 1を火からおろし、ボウルに移し替えて氷水で60℃まで冷ます。

3. 60℃まで冷めたらモルトパウダーを入れ、混ぜる。

4. 3を約6時間、50〜60℃の状態に保温しておく。

5. 4を布で漉す。

6. 布を絞ってしっかり漉す。

7. 6を鍋に入れとろみがつくまで1時間くらい煮詰める。

8. 途中でていねいに灰汁とりをする。

9. とろみが出て、水飴が完成。

水飴のままで食す場合は、そのまま保存ビンに入れておく。

固めて食す場合は、145℃くらいまで煮詰めてから、クッキングシートの上に好みの形を作り、常温で冷やしておく。

出き上がり。

| ワンポイント アドバイス | 神武天皇が食べたかもしれない日本最古の飴 |

◆ 乾燥麦芽を小売している店が少ないので、ここでは製菓材料店で入手可能なモルトパウダーを使用した。モルトパウダーは麦芽である。
◆ もち米を煮るとき、沸騰後、火を弱めてゆっくり煮詰め、おかゆ状にする。
◆ モルトパウダーを入れた後は、しっかり保温状態にしておく。
◆ 神武天皇が口にされたのは、水飴状であったか、固形状であったかは計りかねるため、ここでは2通りのものを作った。
◆ 糖液は煮詰め温度が高ければ高いほど、冷やしたときに凝固までには至らない。次いで、これをさらに煮つめ、145℃程まで煮詰める。この状態のものを冷やすと凝固に至る。なお、さらに煮つめるとより堅い状態に固まる。

日本最古のお菓子・飴の話

　我が国で最も古いお菓子に関する記述は、飴という語です。飴は「餳」とも書き、タガネと称してもいましたが、この語の初見は『日本書紀』の第三巻で、それによると神武天皇戊午の年三年九月（伝承に基づいての推量によれば紀元前672年頃）、大和の丹生川のほとりで神を祀る際のくだりに、「吾れ今まさに八十平瓮(やそひらか)をもちて、水無くして飴(たがね)つくらん。飴成らばすなわち吾れ必ず鋒刃の威を仮らずして坐ながら天下を平げん。乃ち飴を造る。飴即ち自ら成る」とあります。不遜ながら現代語に置き換えさせていただくと「私は今、多数の平瓦を用いて水を使わずに飴を作ってみようと思う。もしそのようなことができたなら、きっと武器を使うことなしに、天下を平らげることだってできるだろう。よって飴を作ろう。それができれば自らも成功する」となります。

　その飴がどのようなものだったかはわかりませんが、『倭名類聚抄(わめいるいじゅうしょう)』（平安時代に作られた辞書）に「飴は、阿米、米もやしを煎じるものなり」とあることから推して、米もやし（米を発芽させたもの）を使い、でんぷんを糖に変えて作られていたのではと考えられています。こめもやしは、後年、麦芽におきかえらえていきますが、同時期の『延喜式(えんぎしき)』（律令の施行細則）を見ると、作り方も載っています。

　この作り方に、思わぬところで出会いました。NHKの朝の連続テレビ小説『おひさま』を監修させたいただいたときのこと、モデルとなった「新橋屋」（長野県松本市）という創業150年の老舗飴屋さんでは、同じ手法で飴作りを行っていたのです。舐めさせていただいたら、何とも表現できぬやさしい甘さに心打たれました。歴史は神代の時代から連綿と続いている……そんなロマンにひたりながら、飴を以って空想と遊んでみました。

あとがき

『今までにないスイーツの発想と組み立て』、いかがでしたでしょう。これまでたくさんの書籍を上梓する機会に恵まれ、幾多の番組にも関わりを持たせていただきましたが、その多くがブールミッシュ及びブールミッシュ製菓アカデミーのスタッフの力を借りてのことでした。そして、この度もまた……。

同所で商品開発のシェフを務め、久しく時を刻んでいる中西昭生君は、実はキュイズィニエ（料理人）あがりのパティシエ（製菓人）です。よって、その思考の幅は広く、時として思わぬひらめきを見せてくれます。振り返ってみると、そんなキャリアの持ち味が、存分に生かされた一書になったようです。

本書が、読者の皆様の持たれるスウィーティーなフィールドを、より豊かなものとするために多少なりともお役に立つことができましたなら、著者としてこれに過ぎる喜びはありません。

終わりにあたって、本書上梓に関わりを持たれたすべての方に厚く御礼を申し上げます。

2016年　冬
吉田菊次郎

参考文献

『お菓子レッスン』婦人生活事業部、2004年
『お菓子名人、100の抽き出し』平凡社、2002年
『偉人の愛したスイーツ』時事通信社、2008年
『日本お菓子話 山梨の巻』時事通信社、2009年
『日本お菓子話 南北海道の巻』時事通信社、2009年
『日本お菓子話 川崎の巻』時事通信社、2011年
『美味礼賛・日本スイーツ物語 長崎編』朝文社、2011年
『東北新スイーツ物語』朝文社、2012年
『西洋菓子日本の歩み』朝文社、2012年
以上、すべて吉田菊次郎著。
その他、自著を含む内外諸文献。

吉田菊次郎
Kikujiro YOSHIDA

1944年東京都生まれ。明治大学商学部卒業後、渡仏し、フランス、スイスで製菓修業。その間第一回菓子世界大会銅賞をはじめ数々の国際賞を受賞。現在、「ブールミッシュ」社長（本店銀座）のほか、製菓、フード業界のさまざまな要職を兼ねる。文筆、テレビ、ラジオ講演などでも活躍。俳号は南舟子。
2004年、フランス共和国より「農事功労章シュバリエ」叙勲。及び厚生労働省より「現代の名工・卓越した技能者」を受賞。
2005年、厚生労働省より「若者の人間力を高めるための国民会議」委員を拝命。同年、天皇、皇后両陛下の秋の園遊会のお招きにあずかる。
2007年、日本食生活文化賞金賞を受賞。
2011年、厚生労働省より「職場のいじめ、嫌がらせ問題に関する円卓会議」委員を拝命。
2012年、大手前大学客員教授に就任。
2014年、フランス料理アカデミー・フランス本部会員に推挙される。
主な著書に、『洋菓子辞典』（主婦の友社）、『デパートB1物語』（平凡社）、『お菓子漫遊記』『句集・父の後ろ姿』「（時事通信社）、『西洋菓子彷徨始末』『句集・左見右見』『東北新スイーツ紀行』『西洋菓子 日本のあゆみ』（朝文社）、『スイーツクルーズ世界一周おやつ旅』（クルーズトラベルカンパニー）、『お菓子を彩る偉人列伝』（ビジネス教育出版社）他多数。

中西昭生
Akio NAKANISHI

1962年、三重県熊野市生まれ。駒沢大学経営学部中退。辻調理師専門学校フランス校卒業。
1985年、フランス・リヨンの製菓店で研修後、株式会社ブールミッシュ入社。
1990年、退社し、再び渡仏。南フランス・ヴァランスの「ダニエルジロー」勤務。帰国後、都内のホテル、横浜のレストランに勤務。
2000年、ブールミッシュに再入社。現在、製品開発のシェフとしてレシピ開発に携わるほか、「どんど晴れ」「瞳」「つばさ」「おひさま」「花子とアン」「真夜中のパン屋さん」「美の壺」「グレーテルのかまど」「月刊やさい通信」（以上NHK）、「絶対彼氏」（フジテレビ）、「多摩南署たたき上げ刑事・近松丙吉 最後のメッセージ」（テレビ東京）、「キユーピー3分クッキング」（CBCTV）等の各テレビ番組や雑誌などマスコミへの協力及びレシピ開発等も多数手掛ける。

Staff
編集　嶋崎千秋
撮影　森カズシゲ
デザイン　髙橋克治
協力　村松 周、田中由美、荻田隆与、新川優子、石川暁絵
　　　（以上「ブールミッシュ製菓アカデミー」スタッフ）

今までにないスイーツの発想と組み立て
素材を活かした組み合わせのアイデアとテクニック

2016年2月18日　発　行　　　　　　　　　　　NDC596

著　者	吉田菊次郎、中西昭生
発行者	小川雄一
発行所	株式会社 誠文堂新光社
	〒113-0033 東京都文京区本郷3-3-11
	（編集）電話03-5805-7285
	（販売）電話03-5800-5780
	http://www.seibundo-shinkosha.net/

印刷・製本　図書印刷 株式会社

© 2016, Kikujiro Yoshida, Akio Nakanishi.

Printed in Japan

検印省略

禁・無断転載

落丁・乱丁本はお取り替え致します。

本書のコピー、スキャン、デジタル化等の無断複製は、著作権法上での例外を除き、禁じられています。本書を代行業者等の第三者に依頼してスキャンやデジタル化することは、たとえ個人や家庭内での利用であっても著作権法上認められません。

㊟〈日本複製権センター委託出版物〉本書を無断で複写複製（コピー）することは、著作権法上での例外を除き、禁じられています。本書をコピーされる場合は、事前に日本複製権センター（JRRC）の許諾を受けてください。
JRRC〈http://www.jrrc.or.jp/　E-mail: jrrc_info@jrrc.or.jp　電話03-3401-2382〉

ISBN978-4-416-51664-5